私が選ぶ名監督10人

采配に学ぶリーダーの心得

野村克也

光文社新書

はじめに　感情で「怒る」のではない。愛情で「叱る」のだ

国語教員に転じた元プロ野球記者と久しぶりに再会した。野球の現場が好きだったので、「人をまとめる」経験は乏しかったそうだ。

「監督、人に物事を教えること自体は簡単です。でも部下を統率する、学生を管理するって、今さらながら難しいものですね」

「ははっ。お前にはできないだろう」

「コツを教えてください」

「一つ言うなら、感情で怒ってはならない。怒るのではなく叱るのだ。叱るとほめるは同義語だから」

「育成」を難しいと思うかもしれないが、最終的には「愛」だ。ニセモノの愛はすぐバレる。愛情をもって接すれば人間だから必ず通じる。

「この子を本当に良くしてやりたい」

かくいう私も選手を叱ったときはいつも反省し、自問自答した。感情で怒っていないか、本当に愛情で叱っているか。監督は怒ってはいけない。「怒る」のではなくて、「叱る」のだ。理屈っぽくなるが、大事なところだ。

「『野村克也』－『野球』＝ゼロ」。私が自らを表現する言葉だ。

私がこの世に生を享《う》けたのはプロ野球の夜明けの年だった。前年の１９３４年（昭和９年）にベーブ・ルースをはじめとする大リーグ選抜が来日。迎え撃つために結成した日本代表の「大日本東京野球倶楽部」が、のちの巨人軍となるのである。

つまり、日本プロ野球史80年余は、私の人生そのものなのである。

「生涯一捕手」として27年３０１７試合、プレイング・マネジャー時代を含めた監督として24年３２０４試合（１５６５勝１５６３敗76分）。口はばったいが、「日本プロ野球史の証言者」なのである。

当然、味方チーム、相手チームの監督をつぶさに観察してきた。そこで今回、印象深い監督10人を厳選した。このたび、おこがましくも私の目線、「ノムラ目線」で語らせてもらったことを、登場する監督の皆様方、どうぞ御容赦いただきたい。

若い読者諸君に「三原・水原・鶴岡」と言ってもわからないだろう。しかし、いずれも功成り名を遂げた監督たちの戦いぶりを振り返ることは、すなわち「日本プロ野球史の名場面集」をひもとくことなのだ。ひいては若手選手育成の指南にもつながる。

本書は、私の「野球の遺書」と言っても過言ではない。

私が監督として評価しているのは5人しかいない。私がプロ入り時、すでに「プロ野球の三大監督」と呼ばれていたのが三原脩さん（巨人→西鉄）、水原茂さん（巨人）、鶴岡一人さん（南海）だった。プロ野球生活を実体験する過程で、さらに川上哲治さん（巨人）、西本幸雄さん（大毎→阪急→近鉄）が加わった。

今回、「監督のタイプ」として、失礼ながら5つのタイプに分類させてもらった。

(1)**「管理」**して選手を動かす　**＝川上哲治、広岡達朗**
(2)**「納得」**させて選手を動かす**＝川上哲治、水原茂、森祇晶、落合博満、野村克也**
(3)**「情感」**で選手を動かす　**＝川上哲治、三原脩、西本幸雄、星野仙一**
(4)**「報酬」**で選手を動かす　**＝川上哲治、鶴岡一人**
(5)**「実績」**で選手を動かす　**＝川上哲治、長嶋茂雄、王貞治**

(1)食生活の管理（菜食中心、アルコール禁止）。遠征先での帰宿時間の管理など。
(2)捕手出身の監督に多い。なぜなら捕手は1球1球根拠のあるサインを出すのが仕事。いい加減なサインは出せない。その根拠で納得させて選手を動かすということだ。
(3)自分の意思を選手に伝え、選手の心に訴えて、プレーさせる。
(4)鶴岡監督には「グラウンドには銭《ゼニ》が落ちている」という決めゼリフがあった。グラウンドで結果を出せば出すだけ、給料に反映されるという意味だ。
(5)「現役時代に圧倒的な成績を残した監督の言っていることだから間違いないだろう」と選手が信じる。現役時代に大活躍した選手が監督に昇格するという「論功行賞」的な性格もある。

かつては「恐怖」で選手を動かす監督も存在した。単刀直入に言えば「鉄拳」を振るうことだ。それは今やアマチュア野球界でも禁止されているが、それ以前にプロとは「頭脳と技術」で上達するものだ。代わりはいくらでもいるのだから、言うことを聞かない選手や、努力を怠る選手は起用しなければいいだけのことだと私は思う。

さて、この本のテーマは左記の通り。

●監督の「素質と条件」
●組織における監督（上司）とは、どうあるべきか
●勝利と育成、相反する命題のバランスをどうやって取るのか
●私が参考にした監督、ライバルとして意識した監督は誰なのか
●監督冥利に尽きるときは？

各監督の「名場面」から、「選手の育成と再生の秘訣」「リーダーとは、かくあるべきだ」という「核心」が、読者の皆様の心に刻まれれば幸いだ。くわしくは本編に譲るとしよう。

【文言表記について】

●年度は「西暦」で表記。１９９９年→99年、２０００年→00年、２００１年→01年。

●ドラフト指名年度は、会議があった年ではなく、実際にプレーを始めた年。

●各監督のプロフィールの身長・体重は現役時。

目次

#01

#02 川上哲治

野球で人間教育を施した「監督の中の監督」。「9年連続日本一」は不滅の大金字塔

#03 森 祇晶

捕手のリード同様、根拠で納得させてプレーさせる。「名参謀」が名監督になった稀有な存在

第2章 南海時代

#04 鶴岡一人

三原 脩

三原魔術の「種あかし」。「宮本武蔵の五輪書」さながらの選手起用と人心掌握

05

#06 水原 茂

血も涙もない勝負師。勝つためにはどうしたらいいか。一本芯が通っていた「背番号30」

#07 長嶋茂雄

「ミスター・プロ野球」。監督としてもドラマチックに「野球の魅力」を日本に広めた

第3章 ヤクルト時代

第4章 阪神時代

星野仙一

「血の入れ替え」と「鉄拳指導」。「弱者を強者にする」闘将野球

#08

第5章 楽天時代

王貞治

選手でも監督でも「世界の王」。太陽を浴びる「向日葵《ひまわり》」采配

#09

#10

落合博満

ほめて「心」を鍛え、ノックで「体」を鍛え、「技」として昇華させた「オレ流采配」

第6章 特別編

野村克也 「データ」と「言葉」を武器にして、コンバートとトレードで「適材適所」を探る

#11

【編集部が選んだ名監督の勝利数順位】

順位	監督名	年数	勝利数	勝率	リーグ優勝
01	鶴岡一人	23	1773	.609	11
02	三原　脩	26	1687	.537	6
03	藤本定義	29	1657	.533	9
04	水原　茂	21	1586	.585	9
05	野村克也	24	1565	.500	5
06	西本幸雄	20	1384	.543	8
07	上田利治	20	1322	.538	5
08	王　貞治	19	1315	.540	4
09	別当　薫	20	1237	.517	0
10	星野仙一	17	1181	.531	4
11	川上哲治	14	1066	.591	11
12	長嶋茂雄	15	1034	.538	5
13	仰木　彬	14	988	.548	3
14	原　辰徳	12	952	.571	7
15	古葉竹識	14	873	.525	4
16	森　祇晶	11	785	.574	8
21	落合博満	8	629	.562	4
29	藤田元司	7	516	.588	4
30	広岡達朗	8	498	.551	4

【編集部解説】

ここでは、著者・野村克也氏ではなく編集部の判断で選んだ「名監督」を掲げる。基本的に上から勝利数の順に並べた。「通算1000勝監督」は計12人いる。また、1000勝に届かなくても、「リーグ優勝4度」以上の監督を「名監督」として列挙した（落合監督から順位が飛んでいるのはそのため）。

仰木監督は「1000勝」「リーグ優勝4度」に両方とも到達していないが、勝利数・優勝回数ともに秀逸な成績なので掲載した。

野村氏が「理想の監督」にあげる川上監督は、リーグ優勝11度、勝率も.590と高い。それと比べると鶴岡監督の勝率.609は驚異的だ。

その他に勝率が高いのは、水原茂監督（.585のリーグ優勝9度）、森監督（.582のリーグ優勝8度）。原監督の戦績も中身が濃い。藤田監督や広岡監督は、監督年数のわりに優勝回数が多い。

管理
タイプ

納得
タイプ

報酬
タイプ

情感
タイプ

実績
タイプ

第1章 | 日本シリーズ

#01

西本幸雄

「悲運の闘将」だなんて、とんでもない。「日本一、幸せな名将」だった

にしもと・ゆきお

1920年生まれ/171センチ64キロ/左投げ左打ち/一塁手

選手時代	試合	491	和歌山・和歌山中(現・和歌山桐蔭高)▶立大▶東洋金属▶八幡製鐵▶全京都▶別府星野組▶毎日(50〜55年=現役6年)
	安打	276	
	本塁打	6	
	打率	.244	
	打点	99	
	盗塁	44	
監督時代	年数	20年	大毎(60年) 阪急(63〜73年) 近鉄(74〜81年)
	勝敗	2665試合1384勝1163敗	
	勝率	.543	
	優勝	リーグ優勝8度(日本一なし)	

同い年ながら、選手としても監督としても対照的な川上と西本

私のプロ入り当時（1954年＝昭和29年）、すでに「日本プロ野球の三大監督」と並び称される監督たちが存在した。三原脩さん（巨人↓西鉄）、水原茂さん（巨人）、鶴岡一人さん（南海）である。そこに川上哲治さん（巨人）、西本幸雄さん（大毎↓阪急↓近鉄）が加わった5人が、文字通り「屈指」の監督であろう。

私が「監督として尊敬する」川上さんと、「人として尊敬する」西本さんは、本当に対照的だった。2人は奇しくも同い年だ（学年は川上さんのほうが1つ上）。

川上さん（#02で登場）は甲子園準優勝投手。プロでの現役時代、日本初の通算2000安打を放って「打撃の神様」と崇められ、監督としてもV9を含む「日本一11度（史上最多）」の偉業を残した。

一方の西本さんは、37年夏の甲子園和歌山県予選決勝で海草中の嶋清一投手に敗れて甲子園の土は踏めなかった。

2年後の39年、嶋は夏の甲子園で準決勝・決勝と2試合連続ノーヒットノーランの快挙を達成した（甲子園決勝ノーヒットノーランはほかに松坂大輔〈横浜高↓西武ほか〉）。嶋は明

大に進むが、学徒出陣で戦場に散った伝説の大投手だった。その嶋が、甲子園を夢見る西本さんの前に立ちはだかったのである。

さて、進学校出身だった西本さんは38年に立大に進む。当時の野球部は監督不在だったため、実質的な監督の役割を担った。

戦時中は陸軍少尉。川上さんが部下から「敬遠」されたのに対し、西本さんは部下から信望を集める隊長だったようだ。

戦後、別府星野組では「監督・三番打者・一塁手」として、「都市対抗」野球を制した。当時は東京六大学野球全盛の時代で、長嶋茂雄が東京六大学の人気をそのまま持って58年にプロ野球入りするまで、「大学を卒業したら社会人野球」というのが「野球エリート」の進路だった。

西本さんは川上さんと同じ左打ちの一塁手、プロ入り後の生涯安打はわずか２７６本。監督就任後は、20年間で8度もパ・リーグ優勝を経験しながら、遂に日本一になれずじまい（大毎監督1年目に優勝、阪急監督11年間で5度優勝、近鉄監督8年間で2度優勝）。西本さんは阪急の監督時代、日本シリーズで「川上・巨人」に5度苦杯を喫し、「悲運の闘将」と呼ばれたのである。

「信任投票事件」を乗り越え、絶大な求心力

西本さんは59年大毎ヘッドコーチに昇格。大毎の永田雅一オーナーが、私のチームの監督であった鶴岡一人さん（南海）に相談した。

「鶴岡さん、ウチの新監督候補に適任な方はいませんかね？　どちらかというと知名度がある人がいいのですが……」

「何をおっしゃる。外に目を向けるより、内部にふさわしい人材をお持ちではないですか」

チームの長所と短所を熟知する西本さんは、監督就任1年目の60年にいきなり優勝を果たす。

しかし、「三原脩・大洋」との日本シリーズ第2戦、一死満塁でスクイズを失敗（ダブルプレー）。それが響いて結局、全4試合1点差ストレート負け。

「ミサイル打線と呼ばれる大毎が、チャンスにスクイズという作戦を取ること自体が失敗なんだ」

「監督の作戦を、周囲からとやかく言われるのは心外だ」

監督就任1年目でチームをみごとリーグ優勝に導きながら、大毎グループ内外の批判に反

発した西本さんは退団してしまう。

63年阪急監督に就任。しかし、65年4位、66年5位と成績は芳しくなかった。その年の秋季キャンプで選手に信任投票を敢行した。

「オレのやり方について来られるか。オレに対する君たちの信を問いたい」

信任32、不信任7、白紙4。

不信任が1人でもいたら西本さんは辞任する決意だったが、小林米三オーナーの説得で翻意した。

信任投票をやること自体、選手との信頼関係を大事にした西本さんらしい。西本さんの熱い思いは、選手の琴線に触れた。翌67年、監督就任5年目、「灰色のチーム」と揶揄された阪急は、球団創設32年目にして悲願の初優勝を果たすのである。

79年近鉄にしても監督6年目、球団創設30年目にしての初優勝。西本さんは弱小チームを手塩にかけて鍛え上げる手法であった。

ちなみに3チームで優勝は、三原脩さん（巨人・西鉄・大洋）・西本さん（大毎・阪急・近鉄）・星野仙一（中日・阪神・楽天）しかいない。

阪急vs.南海。雌雄を決するプレーオフ

以後の阪急は本当に強かった。67年から73年までの7年間で実に5度優勝するのである。

パ・リーグは73年から82年まで、観客増を目的として前後期65試合ずつの2シーズン制を採用した。初年度の73年前期、私がプレイング・マネジャーを務めた南海はライバル阪急に8勝5敗と勝ち越して優勝するのだが、後期は実に0勝12敗1分とまったく歯が立たなかった。

しかし、5試合制のプレーオフを制しなければ、日本シリーズに進めない。私は考え抜いた末、こう結論を出した。

「真っ正直に戦っても阪急に勝てない。無理して全部勝とうとすれば、勝てる試合も落としてしまう。5試合制で3つ勝てばいいのだから、1・3・5戦に全力を尽くそう。2・4戦は勝てばもうけものと考えよう」

第1戦は西岡三四郎、佐藤道郎、村上雅則、江本孟紀ら主力投手の継投策で4対2で勝つ。第3戦も6対3の勝利。私の言葉に選手たちは案の定気が抜けたのか、第2戦は7対9、第4戦は1対13と「偶数試合」に敗戦。特に第4戦は大敗だった。

やはり「第2・4戦は落としてもいい」などと、監督として、リーダーとして絶対に口にしてはいけない言葉だった。本当に後悔した。

迎えた決戦の第5戦。9回にスミス、広瀬叔功のソロホームラン2本でリード。抑えの佐藤をマウンドに送ったが、代打本塁打を浴びて1点差。

阪急は「世界の代打本塁打王」高井保弘を送ってきた。高井は遅い球にめっぽう強い。佐藤は「投球フォームは160キロ、実際は130キロ」と野次られる投手である。キャッチャーマスクをとって私はマウンドに歩み寄った。

「ミチ（道郎）よ、高井と相性がよくないから交代だ」

「誰と代わるんですか」

「エモ（江本）や」

「なら、もっとイヤです」

「なんでや？」

「胴上げ投手の一番美味しいところを、よりによって同い年でウマが合わないヤツに何で譲らなくてはいかんのですか」

私は思わぬところで2人の仲がよくないことを知った。選手同士の関係は知っておかなくてはならないと痛感したものだが、そんなことを言っている場合ではない。

「いまはチームの優勝が一番大事なんや」

佐藤はしぶしぶマウンドを降り、江本がスピードボールで高井を3球三振に切って取り、私は悲願の「監督初優勝」の美酒に酔う（実際は酒を飲めないが……）。

終わってみれば計画通りの会心の勝利であったとはいえ、西本さんの育て上げるチームは常に強力で、この年しか阪急に勝てなかった。

日本野球に「革命を起こした」江夏、古葉

79年日本シリーズ、近鉄対広島。両チームとも球団創設初の日本一をめざしていた。3勝3敗で迎えた第7戦、大阪球場。西本さんと言えば、あの「江夏の21球」を「日本野球史の重要な一頁」として絶対に触れないわけにはいかない。

77年を最後に南海を去った私は、78年ロッテ、そして79年から西武のユニフォームに袖を通していた。スポーツ新聞社から評論の仕事を頼まれて、現場で広島初の日本一を目撃した。

直後、スポーツライターの故・山際淳司氏からの依頼で、私が「江夏の21球」の意味を解説した。スポーツ誌『Ｎｕｍｂｅｒ』創刊号で一躍有名になった「江夏の21球」は、さらに

NHKが特集ドキュメンタリー番組を組んだことで、より一層クローズアップされた。

直接プレーしていなかったとはいえ、私は「歴史の証人」の当事者だ。野球の硬式ボールの、百八の赤い縫い目のように、さまざまな人間模様が幾重にも紡がれていた。いま思い出しても感慨深い。

鮮明に覚えている。76年のこと。電話のベルがけたたましく鳴った。吉田義男監督（阪神）からだった。

「こんなに朝早くから何ごとですか」

「トレード話だよ。江夏、いりまへんか」

「江夏という苗字の選手がもう１人おるんですか？（笑）」

「いや、本物の江夏豊でんがな」

「え、ホントに出すの？　なんで？」

「手に負えんわ。ノムさんならうまく使いこなすんやないか」

阪神で20勝４度、６年連続最多奪三振。72年23勝、73年24勝、74年12勝、75年12勝。勝ち星は半減していたが、それでも入団以来９年連続２ケタ勝利だ。早速、当時の球団社長に報告した。

「その話、乗ろう乗ろう。江夏をもらおうやないか。しかしタダじゃくれないやろ」

「江本をくれって言ってきてますけど……」

「あ、江本か、監督がいいんなら、交換してもいいんじゃないの」

江本はその時点で4年連続2ケタ勝利をマークしていたが、もともとは東映の0勝投手だ。それより何より球団は江夏の「人気」がノドから手が出るほど欲しかった。

江夏の予告先発で超満員。思惑通り南海はオープン戦だけで元を取った。

しかし江夏は左ヒジを痛め、血行障害を患って、かつての輝きを失っていた。3イニング、50球ほど投げると握力が失われて、球をうまく握れないからスピードが出ない。しかし、ユニフォームを脱ぐと、麻雀ばかりしている。

「オレは麻雀パイより重い物を持ったことがないからな」

「言うに事欠いて、そこまで言うか……」

江夏の嫁の母親が心配になって、私のマンションの横の部屋を購入して、江夏をそこに住まわせたくらいだ。

「豊よ、リリーフ専門に転向してみないか」

「阪神から南海にトレードされただけでも都落ちなのに、『先発投手からリリーフ投手になれ』だと。先発じゃなければ投手じゃない。オレに2度も恥をかかせる気か」

「都落ちだと、失礼な。オマエこそ南海というチームをなめてんのか。いい加減にしろ。それに米国だって、先発・中継ぎ・抑え、と分業制が進んでいるんだ。豊がリリーフの分野で日本球界に革命を起こしてみろ」

「革命？　革命か……。いいじゃないか、やってやろう！」

革命という言葉が、プライドの高い江夏の胸を打ったのだろう。

黙っていてもマスコミが書いてくれるONの巨人、その巨人の対戦チームであるセ・リーグ各球団と違って、私のプレイング・マネジャー時代のパ・リーグ球場では、どこも閑古鳥が鳴いていた。

だから、私は「球団の宣伝部長」も兼ねていると考えていた。何とかマスコミに取り上げてもらおうと、ふだんから語呂合わせや韻を踏んだキャッチコピーに頭をひねった。新聞記者が見出しにしやすいようにコメントを考えていたのが、とっさのときに役立った。

江夏は77年「最優秀救援」パ・リーグ1号に輝いた。

しかし、私は77年を最後に南海を退団することになった。

「オレは阪神を追われ、野村監督に拾ってもらって生き返った。そんな恩人の野村監督を辞めさせるようなチームで投げたくない。オレも一緒に辞める」

「待て豊、早まるな。お前はまだまだ投げられる」

血行障害で50球投げたら握力が低下。球を握れなかった手負いの虎は、ホークスで不死鳥のごとく甦っていた。

私は古葉竹識（私より1歳下）に連絡をとった。これが球史を変える電話となった。

思えば、私がプロ野球生活60年余で、一番嬉しかったのが古葉のほめ言葉だ。

「うまいことリードするもんですね。野村監督が捕手じゃなかったら、南海の主力投手はみんなマイナス5勝ですよ」

その頃から「南海投手－野村のリード＝5勝減」が、トレード時の定説となった。

古葉は選手として広島（58～69年）から南海に移籍（70～71年）、引退して南海コーチ（72～73年）を務めたあと、広島に戻って75年途中から監督を務めていたのだ。

「豊を頼むぞ」

私の片腕だったドン・ブレイザーも78年江夏とともに、コーチとして広島に移籍した。

富田勝（巨人）とのトレードで南海に移籍、「野村再生工場」で修理された松原明夫（＝福士敬章）は、古葉の希望で金城基泰（74年20勝）とのトレードで広島に再移籍、78年には

15勝を挙げて先発エース格にノシ上がっていた。

江夏は移籍翌年の79年広島130試合（67勝）のうち、55試合104イニングに登板、9勝5敗22セーブ、防御率2・66。リリーフ投手初のシーズンMVPに輝く。

そして私が「投球の何たるか」を教え込んだ江夏の晴れ舞台、初の日本シリーズのマウンドだったのだ。

「黒船」的存在だったスペンサーとブレイザー

一方、近鉄を率いたのは西本さん。私が南海を追われるように辞めてからも、何かと温かい言葉をかけてくださり、懇意にしていただいた野球界の大先輩だ。

監督20年で8度のパ・リーグ優勝（大毎1、阪急5、近鉄2）。こちらは7度目の挑戦にして、初の「頂」を虎視眈々と狙っていた（この79年は近鉄1度目の優勝）。

本来なら近鉄の本拠地である日生球場か藤井寺球場で行われるのだが、前者は収容人員が3万人以下、後者はナイター設備が未整備という事情で日本シリーズに使用できず、我が古巣である南海・大阪球場を間借りして挙行されたのも何かの縁か。

67年、先述のように西本さんは阪急5年目、球団創設32年目にして悲願の初優勝を果たすのであるが、原動力になったのがダリル・スペンサー（メジャー10年＝１０９８試合、９０１安打↓阪急64〜68年、71〜72年選手兼任コーチ）である。

ずっとBクラスだった阪急が、スペンサー入団の影響を受け一変した。65年に三冠王を獲得した私の前に立ちはだかったのも38本塁打したスペンサーだったし、67年阪急初優勝時には精神的・技術的な支柱となった（１２４試合１１３安打の打率・２７４、30本塁打68打点）。

１８８センチの大型二塁手。「クセ盗みの名人」「野球博士」と呼ばれた。球審にいくら注意されても、いつも相手捕手の真後ろのバックネットにもたれかかって投手を観察し、投手の微妙なクセをつきとめ、打撃に活用した。

そのスペンサーに触発されたのが長池徳二（徳士）（ＭＶＰ２度、本塁打王３度、打点王３度）、高井保弘（世界記録の代打本塁打27本）、大熊忠義らの右打者。特に高井は、相手投手のクセのメモなど凄まじいものがあったようだ。そのように相手を研究するという姿勢が長池、高井らを育て、70年代阪急黄金時代の礎《いしずえ》を築くのである。

「もう１人」がブレイザーである。私より４歳上。日米野球で来日したときの超美技を見て、67年南海が獲得に動いた。ブレイザーの南海入団は36歳、往年の広い守備範囲は見られなかったが、華麗かつ無駄のない格上の二塁守備。

当時、「守備の名手」の評価を二分した遊撃手に、華麗な守備の吉田義男さん（阪神）と堅実な守備の広岡達朗さん（巨人）が存在したが、広岡さんが手本にしたのは、58年秋に日米野球で来日したこのブレイザー二塁手（カージナルス）だった。

日本で連続ベストナイン、３年連続オールスターゲーム出場。それまで来日した多くの３Ａレベルの米国選手の、スピードとパワー任せの粗い野球とは全然違う。

１７７センチ76キロと小柄ながら、メジャー・オールスターゲーム経験（58年）をはじめ、メジャーで長く生き抜いてきた（通算12年１４４４試合１３６６安打）術《すべ》が何かあるはずだ。

時間が許す限り食事に誘って野球談義に没頭した。

「ミスター・ノムラ。ヒットエンドランのサインが出たとき、打者は最低限何を考える？」

「ゴロを転がして走者を進塁させる。スタートを切った走者がアウトにされないように空振り、見逃がしはダメ。当然フライもダメ」

「一塁走者が走れば、二塁ベースカバーに入るのは二塁手か遊撃手。入ったほうにスペースができるから、そこを狙って打てば安打になる」

「どちらが二塁ベースカバーに入るか、わからない」

「一塁走者が偽装スタートを切る。走ると見せかけて走らない。すると一塁走者につられて、二塁手か遊撃手どちらかが動くはずだ」

「そんな方法があるなんて……」

「遊撃手が二塁ベースカバーに入ったなら、右打者に対してアウトコースにスライダーのサインが出ている確率が高い。二塁手は打球に備えている。ならば打者は遊撃手のポジションを狙って引っ張ればいい」

打撃と守備は表裏一体。敵のヒットエンドランに対する味方の守りは、その逆をいけば阻止が可能。

今でこそ当たり前のプレーとはいえ、当時そんなことを言う人は皆無だった。ブレイザーの説明を聞いて、メジャーの緻密な野球に驚愕したものだ。

69年オフ、私は川勝傳オーナーに（選手兼任）監督要請を受けたとき、就任の条件として「ブレイザーのヘッドコーチ就任」を球団にお願いした。

70年から77年まで8年間、「シンキング・ベースボール」（考える野球）を標榜するブレイザーと二人三脚で私は采配を振るう。

スペンサーとブレイザーは、私と日本野球に「革命」をもたらした「黒船」だった。２人が日本野球に及ぼした影響ははかりしれない。私が南海を退団すると、ブレイザーは南海で同じ釜の飯を食った古葉竹識に請われ、78年広島ヘッドコーチに就任する。

ところで、04年の「球界再編問題」を契機に翌05年から「セ・パ交流戦」が導入された。以来18年まで14年間、パ・リーグの勝ち越しが続いている（パの13回）。

最初の2年間は、「パ・リーグが強い」ことにどこのマスコミも気づかなかった。しかし、75年からパ・リーグにＤＨ（指名打者）制が導入されていることを考えれば、その理由は簡単だ。

打者が１人多いわけだから、抑え込むには投手はかなりの力を身につけなければならない。しかも、「代打を出されることによる投手交代」はなくなり、またパ・リーグ球場は総じて広く本塁打を打たれる心配も少ない。

投手が育つ環境にあって、完投能力は自然に備わっていった。そのレベルアップした投手を打者は打たなくてはならない。そんな相乗効果でパ・リーグの選手は、セ・リーグの選手に比べ、「技術＋スピード&パワー」を身につけていった。

球場に足を運んで「打球音」を聞いてみるがいい。「バキッ」というパワフルな破壊音を出すのはパの打者だ。明らかに違う。投球のスピード、打球の飛距離を比較しても、恐らくパ選手のほうが、セ選手のそれを上回っているはずだ。

かつて、オールスター戦は「人気のセ、実力のパ」がキャッチフレーズだった。65年から73年までセの巨人が日本一9連覇を果たしながら「なぜそんなことを言うのだろう?」と訝しく思うファンも多かったのではないか。

確かにテレビ中継があって注目を浴びるオールスター戦でパの選手は張り切った。だが、それにも増して75年からパの選手が実力をつけるきっかけとなるDH制度が導入されたのである。

さらにスピードやパワーばかりか、スペンサーやブレイザーの「シンキング・ベースボール」である。もちろん私自身もいろいろ考えた。「カットファストボール」「牽制球から相手の作戦を見抜く方法」「クイック投法」「首振り牽制」「データの収集・活用」(誰も「野村克也が最初に編み出した」と言ってくれないが……)。

パ・リーグの「技術+スピード&パワー」野球が、私の分身とも言える江夏・古葉・ブレイザーによってセ・リーグの広島にもたらされた。その真骨頂を試される79年日本シリーズでもあった。

江夏の21球。西本強力打線に似つかわしくないスクイズ戦法

79年日本シリーズ第7戦。どちらが勝っても初の日本一。江夏は7回裏からマウンドに立っていた。

4対3と広島リードの9回裏。先頭打者の六番・羽田耕一が中前安打。代走に「シーズン代走盗塁記録」の藤瀬史朗が送られた。

七番・アーノルドがヒットエンドランのサインを見落とし、結果的に藤瀬の単独スチールとなる。タイミングはアウトだったが、捕手・水沼四郎の送球がワンバウンドになってセンターに抜け、藤瀬は三塁を陥れる。

アーノルド（敬遠）四球で無死一・三塁。八番・平野光泰のとき、一塁走者・アーノルドの代走・吹石徳一が二塁盗塁成功。無死二・三塁。平野は敬遠で無死満塁。広島が1点リードしているとはいえ、絶体絶命のピンチを迎えた。

ここで私には西本監督の表情が緩んだように見えた。

（西本先輩、野球はゲームセットの瞬間まで分かりませんよ）

九番、投手の代打・佐々木恭介（右打者。78年首位打者。96〜99年近鉄監督）が三振。当

時の日本シリーズは、パ・リーグ球場でもDH制が採用されていなかった。

一番・石渡茂への1球目、カーブを見逃し1ストライク。

ここで西本監督からスクイズのサインが出たらしい。満塁の3走者が一斉にスタート。石渡がスクイズの構え。捕手・水沼が立ち上がる。江夏は「カーブの握り」のまま、投球をウエストする（9回裏、江夏19球目）。石渡のスクイズは空振り。二塁走者・吹石がすでに三塁ベースに達しており、三塁走者・藤瀬は挟殺される。

二死二・三塁。カウント0ボール2ストライクから石渡はファウル、4球目（江夏21球目）を空振りでゲームセット。

近鉄の打者・石渡茂の、中大時代の2年先輩が、広島の捕手・水沼四郎。

「スクイズはあるのか」と話しかけたら、いつもは気さくな石渡がガチガチに緊張していたらしい。

石渡は「意図的に外したのではなく、カーブのすっぽ抜けではないか」と試合後に語っていた。同じスクイズ失敗でも、敗者の論理からすれば、「意図的に外されたのか」「偶然に外れたのか」、敗戦に対する気持ちの整理をつけるためにも雲泥の差がある。

19球目を「カーブの握りのまま意図的にウエスト」したと豊（江夏）は語っているが、豊とバッテリーを組んでいた私には分かる。豊はセットポジションに入ってから一瞬一塁側を見て、投げる直前に打者を見るというクセがある。

　左投手に三塁走者は見えない。「意図的に外した」というのは、プライドの高い豊の嘘だ。三塁走者・藤瀬のスタートを察知して立ち上がった捕手・水沼のファインプレーだ。

「江夏の21球」というと、一死満塁から石渡のスクイズを見破り、スクイズをはずした「神業カーブ」ばかりにスポットライトが当たる。

　しかし、実はその前の打者・佐々木への「6球」にも注目すべきポイントがあった。1球目、右打者の膝もとへ落ちるカーブ。佐々木は打ちにきてバットを止めているが、これで江夏は佐々木のカーブ狙いを察知。最後もストライクゾーンからボールになるカーブで空振り三振に仕留め、絶体絶命のピンチの中、江夏は冷静さを取り戻したのである。

　投球には「誘い球」「稼ぎ球」「見せ球」「勝負球」がある。そこに至る経緯、投手心理、打者心理を微に入り細をうがつ解説をすることで、私は「江夏の21球」を彩った。

「さすがプロ野球、1球1球にこんなに目的と理由があるのか。野球って面白い」

「その球を投げ切った江夏豊って凄い。書いた山際淳司って凄い。解説した野村克也って凄い」

三者三様に評価された球史に残るワンシーンであった。

ちなみに、この満塁のとき、代走に送られた吹石徳一内野手。娘さんは、歌手・福山雅治さんの夫人・一恵さん。かつて高校野球甲子園のポスターのモデルを務めたそうだ。

この79年、さらに80年・84年と広島は日本一に輝き、球界の勢力地図を塗り替えていくのである。

江夏は81年、今度は日本ハム19年ぶりの優勝に貢献、初の両リーグMVPを獲得。「優勝請負人」となった。南海時代の私の教え子・柏原純一が四番打者だった。

それにしても大毎時代、大洋との日本シリーズでスクイズ失敗。近鉄でも最後の最後にスクイズ失敗。大毎時代は「ミサイル打線」、近鉄時代は「猛牛打線」。結果論ではあるが、豪打を追求した西本さんに、スクイズは縁がなかったのではないか。

いずれにせよ、私の分身である江夏や古葉が、西本さんの日本一を阻んだ。間接的に私が西本さんの日本一を阻んだと言えなくもない。

専門外の「遊撃守備」にこだわりを見せた

西本さんは、現役引退後4年間大毎の打撃コーチを務め、監督就任1年目で優勝。阪急に

西本監督が育成した打者の獲得タイトル

大毎時代（60年）	
山内一弘	首位打者1、本塁打王2、打点王4
榎本喜八	首位打者2、最多安打4
葛城隆雄	打点王2、最多安打2
田宮謙次郎	首位打者1
阪急時代（63～73年）	
福本 豊	最多安打4
加藤秀司（英司）	首位打者2、打点王3、最多安打1
長池徳二（徳士）	本塁打王3、打点王3
近鉄時代（74～81年）	
佐々木恭介	首位打者1
80年チーム本塁打239はパ・リーグ最多記録。	

は球団創設32年（監督5年）目、近鉄には球団創設30年（監督6年）目の初優勝をもたらした。どのチームにいてもタイトルを獲れる強打者を育成した。

私、野村は「野球は打撃ではなく、投手力を含めた守り」だと考えている。南海プレイング・マネジャー時代のことだ。西本さんとの忘れられない「やり取り」がある。

「西本先輩、一つ教えてもらってよろしいですか」

「おおノム、何や？」

「先輩はいつも打撃ケージの後ろで、打撃練習ばかり見ていらっしゃる。ブルペンで投球練習を観察、指導している姿は一度も見たことがありません。投手は気にならないのですか？」

「いや、それはオレも分かっとるんやけど、投手のことは正直分からんのや。誰か、いい投手コーチはおらんか」

敵将に正直に苦手分野を明かしてしまうのは、何とも正直な西本さんらしい。そんなわけで西本さんは近鉄監督就任の74年から、私が女房役だった杉浦忠を投手コーチに招いたのだ。

しかし監督たるもの、「打撃」「投手」「守備」において、専門外のことを最終的にはコーチに託しても、一応はすべて勉強しておかなくてはならないのではないか。

そんな中、西本さんは専門外の「遊撃手守備」にこだわりを見せた。72年、遊撃手レギュラーだった阪本敏三を東映に放出し、大橋穣を獲得したのである。

65年に始まったドラフト。半世紀を超える歴史を有する。中でも超一流選手を最も輩出したのが69年、そして99年（松坂大輔世代）と言えるだろう。

大橋穣は「ドラフト花の69年組」。その中でも「イの一番」に指名された。

抽選順は、①大橋穣内野手（東映）、②山本浩司（浩二）外野手（広島）、③田淵幸一捕手（阪神）、④富田勝内野手（南海）、⑤藤原真投手（サンケイ）、⑥有藤道世（通世）内野手

（東京）、⑦水谷宏投手（近鉄）、⑧島野修投手（巨人）、⑨野村収投手（大洋）、⑩星野仙一投手（中日）、⑪山田久志投手（阪急）、⑫東尾修投手（西鉄）。

同じ年のドラフト会議で指名され、のちに通算2000安打を放ったのが、中日3位・大島康徳投手（外野手）、阪急2位・加藤秀司（英司）内野手、阪急7位・福本豊外野手。まさに人材の宝庫のドラフト会議であった。

大橋は東都大学野球で当時新記録の20本塁打を放った（現在の記録は、青学大→ダイエー→メジャー→ロッテの井口資仁24本）。大橋は1年目からレギュラーに定着するが、「打撃の人」から「守備の人」に変身した。遊撃手はそれが正解だ。

一方、阪本敏三は、プロ2年目の68年から71年まで4年連続ベストナイン。69年には47個で盗塁王に輝く。

71年日本シリーズ巨人対阪急。1勝1敗で迎えた第3戦、山田久志が王貞治にサヨナラ3ランを浴びた。その直前に長嶋茂雄が放った打球は阪本遊撃手のグラブをかすめ、中前に抜けた。結局、阪急は1勝4敗で巨人の軍門に降《くだ》る。

遊撃手の守備範囲と、盗塁王の俊足とはまた別の「はじめの一歩」があるのだろう。その点を重要視した西本さんは72年、大橋穣・種茂雅之（72年捕手ゴールデングラブ賞＝当時はダイヤモンドグラブ賞）↕阪本敏三・岡村浩二（69年捕手ベストナイン）のトレードを敢行する。

双方の捕手もレギュラーであり、驚くべき守備の要「センターライン」同士の交換トレードだった。

阪本は東映のあと76年近鉄に移籍するが、74年から近鉄監督になっていた西本さんのもと、その76年109試合に出場するなど、移籍チームで活躍する。

阪本が68年から71年まで4年連続ベストナイン。そのあと大橋が72年から76年まで5年連続ベストナイン、かつ72年から表彰が始まったゴールデングラブ（当時はダイヤモンドグラブ）賞も72年から78年まで7年連続受賞、大橋は阪急移籍により素質が開花した。

大橋は規定打席に到達したのがプロ通算14年間で72年1度のみ、100安打に届いたことはない。打撃成績に限ってみれば、阪本の足元にも及ばない。

例えば75年79安打の打率・229、76年51安打の打率・191でベストナイン。阪急が優勝したとはいえ、この低打率での受賞。裏返せば、大橋の守備がいかに優勝に必要不可欠だったかを物語る。敵チームの監督だった私の目から見て、こう言ったら何だが、守備だけは天下一品だった。

遊撃守備に重要なのは「守備率」ではなく、「守備機会の多さ」だ。守備率の高さだけを求めるなら、難しい打球に手を出さなければエラーはしないので数字は上がる。

遊撃手は打球をはじき失策が記録されようと、外野に抜ける打球に飛びついて止めなくてはならない。走者の進塁を防ぐのだ。打球に直角ではなく鋭角に飛びつく。どこまでしつこく打球を追いかけられるか。

セ・リーグでは山下大輔遊撃手（大洋）が76年から83年まで8年連続ゴールデングラブ賞に輝いているが、守備範囲が広いとは言えなかった気がする。

95年にプロ入りした宮本慎也遊撃手（ヤクルト）が尊敬したのが、この大橋（93〜00年ヤクルト守備コーチ）だ。

「大橋さんの遊撃手ゴールデングラブ賞7度が究極の目標です」

惜しくも届かなかったが、遊撃手で6度、三塁手で4度のゴールデングラブ賞を受賞した。

宮本は遊撃手時代、中前に抜けようかという打球を最後まで追いかけた。守備機会に年俸の出来高をつけるほど、守備機会に固執した。

大橋にしても宮本にしても、上手い人はゴロを難なくさばくので、上手く見えない。難しいものを簡単にしてしまう。地味でも、それが一流だ。

そういえば、簡単なゴロを難しく見せる。イージーゴロを派手なファインプレーに見せるのは、長嶋茂雄の専売特許だったなぁ（苦笑）。

野球を通しての「人間教育」。監督になった教え子に梨田

私は「野球を通しての人間教育」を監督時代、1つのテーマとして考えていた。野球をや

カッコ内は、監督になった球団

【巨人】V9（65～73年）川上監督	
1(中)	柴田 勲
2(左)	高田 繁（日本ハム、ヤクルト）
3(一)	王 貞治（巨人、ソフトバンク）
4(三)	長嶋茂雄（巨人）
5(右)	末次利光
6(遊)	黒江透修
7(二)	土井正三（オリックス）
8(捕)	森 昌彦（西武、横浜）
9(投)	堀内恒夫（巨人）

【西武】V8（86～94年）森監督	
1(三)	石毛宏典（オリックス）
2(右)	平野 謙
3(中)	秋山幸二（ソフトバンク）
4(一)	清原和博
5(指)	デストラーデ
6(左)	佐々木 誠
7(二)	辻 発彦（西武）
8(捕)	伊東 勤（西武、ロッテ）
9(遊)	田辺徳雄（西武）
投	東尾 修(西武)、渡辺久信(西武) 工藤公康（ソフトバンク）

めてからの人生のほうが長い。しかも人間力を磨かなくては、技術も向上しないのではないか。

川上哲治さんは、監督14年間で９連覇を含む11度の日本一。森祇晶は、西武９年で８度のリーグ優勝、６度の日本一。私にしても24年間の監督生活で５度のリーグ優勝、３度の日本一。

【阪急】V5（67～72年）西本監督	
1(中)	福本 豊
2(三)	森本 潔
3(一)	加藤秀司
4(右)	長池徳二
5(左)	大熊忠義
6(二)	住友 平
7(遊)	阪本敏三、大橋 穣
8(捕)	岡村浩二、種茂雅之
9(投)	梶本隆夫（阪急）、山田久志（中日）、米田哲也、足立光宏

【近鉄】V2（79～80年）西本監督	
1(中)	平野光泰
2(一)	小川 亨
3(右)	佐々木恭介（近鉄）
4(指)	マニエル
5(左)	栗橋 茂
6(三)	羽田耕一
7(二)	アーノルド、永尾泰憲
8(捕)	梨田昌孝（近鉄、日本ハム、楽天）
9(遊)	石渡 茂、吹石徳一
投	鈴木啓示（近鉄）、井本 隆 村田辰美、柳田 豊

川上さんや森の教え子がたくさん監督に就任しているのと比べると、西本さんの教え子で監督になっている選手は少ない（西本監督が1年で退団した大毎時代は除く）。

阪急がオリックスに球団経営を譲渡したとはいえ、02年石毛宏典、03年レオン、04年伊原春樹、05年仰木彬、06年中村勝広、07年コリンズ、08年大石大二郎、10年岡田彰布、13年森脇浩司と阪急生え抜きの監督が誕生しなかったのは寂しいことだった。

西本さんが「野球を通しての人間教育」をしなかったというわけではない。あの西本さんの情熱のＤＮＡを持った監督が生まれないのが残念でならないのだ。

辛口・広岡達朗氏が「プロ野球史上最高の監督」と絶賛

それにしても、あれほど選手から慕われ、周囲から信望の厚かった監督はいないのではないか。

阪急監督辞任、すぐ翌年から同一リーグの近鉄監督に就任した際も、近鉄たっての願いだった。正直、私のとき（98年ヤクルト監督→99年阪神監督）も、星野仙一のとき（01年中日監督→02年阪神監督）も、それなりの反対意見があった。

しかし、西本さんのとき（73年阪急監督→74年近鉄監督）は契約の場に阪急・森薫オーナーが同席する異例の形。円満に行われた。

78年、一時は近鉄監督辞任を表明。「自分たちを見捨てないでください」という選手の懇願で翻意。79年・80年と2年連続パ・リーグ優勝。

「プロ野球史上最高の監督だ」

私以上に辛辣（失礼）、辛口で鳴るあの広岡達朗さん（私より4歳上）が賛辞を惜しまない。

「戦略は三原脩さん、情熱は西本幸雄さん。2人を足したような監督になりたい」

仰木彬（私と同学年）が、近鉄監督就任時に語っていたのが印象的だった。

監督生活20年で8度リーグ優勝（大毎1、阪急5、近鉄2）。しかし、悲願の「日本一チャンピオンフラッグ」は、西本さんの頭上に遂に一度も翻らず、「悲運の闘将」の異名をとった。

60年日本シリーズ「大毎ミサイル打線」を擁するも、知将・三原脩監督（大洋）に全4戦1点差でストレート負け。

阪急時代は5度、すべて同い年のライバル「川上・巨人」に敗れ、V9を許す。しかしその後、自らが育てたナインと上田利治監督が、75〜77年に3年連続日本一。

近鉄時代の79年は第7戦「江夏の21球」。捲土重来《けんどちょうらい》※1を期した翌80年の対広島戦は3勝2敗から逆転される。79年・80年と、あと1勝。掌中の日本一はスルリと手から滑り落ちた。81年は、張りつめていた緊張の糸が遂に切れたのか、近鉄は最下位に沈む。

勇退を決めた西本さんは、81年近鉄－阪急最終戦（日生球場）、教え子である両チームナインから惜別の胴上げをされた。

あんな光景、初めて見た。西本監督がいかに選手たちに慕われていたか。

西本さんの采配に「ゲンコツ指導」は、確かにあった。しかし、その拳《こぶし》には愛情がこもっていた。感情で「怒る」のはいけない。しかし、愛情で「叱る」のならいい。

西本監督が多くの選手を育て上げた要因は、愛情だった。データ重視の私が言うのもなんだが、愛情が野球選手の技術を向上させたのだ。

オールスターゲームでは、80年野村克也（西武）を監督推薦で出場させ、私は60年代・70年代・80年代とオールスターゲームに出場することになった。81年はレギュラーになったばかりの落合博満（ロッテ）を「将来の球界を背負う打者になる」と全パの四番に抜擢した。

70年代後半から佐々木信也キャスターの進行で一世を風靡した『プロ野球ニュース』（フジテレビ）。佐々木さんも西本監督の打撃指導を受けている（大毎58～59年）。

西本さんは「球界の御意見番」だった。結果オーライではなく、番組内でいつも選手や球界に苦言を呈した。夜12時近く、眠い目をこすりながら、しかし不思議と耳障りでなかったのは、選手にしても視聴者にしても「野球を愛する人」は、西本さんの情熱をブラウン管越しに敏感に感じていたからではないか。

世界の盗塁王・福本豊が通夜にユニフォーム姿で号泣

奇しくもあの胴上げからちょうど30年。２０１１年、西本さんは隠棲していた兵庫県宝塚市の自邸において91歳で他界した。

愛弟子の福本豊があふれる涙をぬぐったのは「ハンカチ」ではなく、「アンダーシャツ」の袖だった。奔放すぎる野球解説で有名な福本が、阪急のユニフォームを着て、涙をボロボロこぼしながら通夜と告別式に参列した。

私が阪神監督に就任した99年、福本が守備・走塁コーチだった。現役時代は、福本の出現によって我ら南海バッテリーは本当に苦しめられ、「クイックモーション」の導入を余儀な

※1　一度敗れた者が再び勢力を盛り返し、人馬が土を捲き上げるような凄まじい勢いで反撃に転じること。出典・杜牧『題烏江亭』（野村は「臥薪嘗胆」とともにヤクルトのシーズン・スローガンとして使用した）。

くされた。

その走塁術を選手に伝授してほしかった。しかし、福本は走塁術ではなく、打撃指導ばかりしていた。

「盗塁するにしても、打って塁に出なかったら盗塁できんやろ」

13年連続盗塁王、通算1065盗塁はもちろん、打っても通算2543安打、208本塁打。「世界の盗塁王」になる前の福本は、西本さんに恐らく「まず打って塁に出ろ」と教わったのだろう。福本は走塁コーチなのに、打撃ばかり教えていて、その年限りで守備・走塁コーチをクビになった。しかし、紛れもなく福本は球史に残る大選手である。

「曲がりなりにも自分がいまあるのは西本監督のおかげです」

天国に旅立つ西本さんに、そう語りかけた。

生前、西本監督は周囲にこう洩らしていたらしい。

「本当に私が悲運なら戦争でとうに死んでいる。3チームで素晴らしい選手に巡り合え、8度も日本シリーズに連れて行ってもらえた。あえて言うなら幸運な凡将や」

西本さんの法名は「慈徳院釋将幸《じとくいんしゃくしょうこう》」――「悲運の闘将」どころか、教え子みんなに慕われる「幸せな名将」だった。

管理
タイプ

納得
タイプ

報酬
タイプ

情感
タイプ

実績
タイプ

第1章 | 日本シリーズ

#02

川上哲治

野球で人間教育を施した「監督の中の監督」。「9年連続日本一」は不滅の大金字塔

かわかみ・てつはる

1920年生まれ／174センチ75キロ／左投げ左打ち／一塁手

選手時代	試合	1979	熊本・熊本工 ▶ 巨人（38〜42年、46〜58年 ＝ 現役18年）
	安打	2351	
	本塁打	181	
	打率	.313	
	打点	1319	
	盗塁	220	
監督時代	年数	14年	巨人（61〜74年）
	勝敗	1866試合1066勝739敗	
	勝率	.591	
	優勝	リーグ優勝11度（日本一11度）	

「球が止まって見える野球の神様」は野球用品CM第1号

私が尊敬してやまない川上哲治監督は、「監督のタイプ」である「5つのファクター」を全部持つ。


「①管理して選手を動かす」

「②納得させて選手を動かす」

「③情感で選手を動かす」

「④報酬で選手を動かす」

「⑤実績で選手を動かす」


私が「なぜ川上監督を尊敬するのか」。

私は京都生まれでありながら、巨人ファンだったことを告白して久しい。息子の克則（ヤクルト→阪神→巨人→楽天）が巨人入りした04年以来、公言している。

私は、戦後一世を風靡した「赤バットの川上哲治」や「じゃじゃ馬・青田昇」に憧れていた。だが、1年上の超高校級捕手・藤尾茂さん（兵庫・鳴尾高）が53年に巨人入りしてから、私が入っても自分の出番はなかろうと夢をあきらめた。「夢や憧れ」と「生きていくための職業選択」は別物なのだ。

（東京ドームに隣接する「野球殿堂博物館」に赤バットと大下弘さん〈東急→西鉄〉の青バットが展示してあるが、川上さんの赤バットはともかく、大下さんの青バットは緑色だなぁ）。

甲子園準優勝投手だった川上さんは、38年にプロ入りするが、投手とともに打者としても起用され、翌39年に早くも首位打者に輝いている（投手としての成績は通算4年39試合11勝9敗）。

戦後、銀座の南風運動具店から提供された「赤バット」で川上さんは打席に入った。これが「プロ野球のCM契約」第1号だそうだ。

つまり、川上さんは「エンドーサー」だ。エンドーサーとは経済用語で、消費者が商品を購入する際に品質を保証する役割を果たす人のこと。現在で言えば例えば「バットの大谷翔平モデル」とかがあるだろう。

「川上さんが使っている赤バットを使えば、きっと川上さんのように打てるに違いない」

そういうふうに野球少年の心をつかんだのである。

川上さんは49年に自身最多の129打点、50年自身最多の29本塁打、51年自身最高の打率・377（70年に東映張本勲が・383、86年に阪神ランディ・バースが・389、00年にオリックス・イチローが・387）。

50年に「1試合3本塁打」を2度。これは89年ラルフ・ブライアント（近鉄）に破られるまでの記録。あの王貞治でさえ、シーズン2度は打てなかった。51年は、長いシーズン、約400打席でわずか6三振である。100打席に1・5三振の割合だ。

プロ野球史上初の通算2000安打を達成。ライナー性の打球を意味する「弾丸ライナー」は、川上さんの打球の特徴を当時の野球作家が表現したものだそうだ。

また「（投手が投げた）球が止まって見える」の言葉は、今で言う「ゾーン」（極限の集中状態）の感覚だろう。卓越した打撃技術の川上さんを、人は「野球の神様」と呼んだ。

監督交代は危機のとき。「チームプレー」は川上監督が作った言葉

川上さんが現役選手だった49年シーズン終了後、チーム内で「三原排斥騒動」が持ち上がり、三原脩監督に代わって水原茂さんが監督に就任した。そんな理由もあって、川上さんは

水原さんにいい感情を抱いていなかったという。

しかし、51年、米大リーグから「日本選手を春のキャンプに参加させたい」と連絡があった。水原さんに推薦されたのも川上さんは驚きだったが、当時の「選手は監督と対等である」という日本と違って、米大リーグでは「選手は監督に絶対服従」であることを学び、それまでの考えを改めたらしい。

川上さんは58年を最後に現役引退、コーチを経て、61年第９代巨人監督に就任した。監督就任を機に、現役時代は「てつじ」と登録していた名前を「てつはる」と読ませるようにした（森昌彦が西武監督就任時に「祇晶」と改名したのも、これにならったのだろう）。

巨人は55年に日本シリーズで南海を破って以来、日本一を逃していた（55年、プロ２年目の私は一軍出場していない）。

56年から58年は３年連続して「三原脩・西鉄」に敗れる。

59年は杉浦忠の４連投で、私が捕手レギュラーになっていた南海が巨人を破る。

60年にいたっては「三原脩・大洋」に敗れ、巨人はリーグ優勝からも遠ざかる。

「監督交代は危機のとき」

川上さんの言葉だが、むべなるかな。

南海のプレイング・マネジャー（選手兼任監督）に就任した70年、私はこの川上さんの言葉を思い出したものだ。

南海は65年、鶴岡一人さんから監督の座を禅譲された蔭山和夫さんが急死し、再び鶴岡さんが指揮を執ることになる。次に監督を託された飯田徳治さんは最下位のため1年で辞任。ついに、私にお鉢が回って来たのである。

オリックスは、01年仰木彬（4位）、02年石毛宏典（6位）、03年レオン（6位）、04年伊原春樹（6位）、05年仰木彬（4位）、06年中村勝広（5位）、07年コリンズ（6位）、08年大石大二郎（2位、09年6位）、10年岡田彰布（5位）と、監督が目まぐるしく変わった。

オリックスのこの10年間は、まさに危機のときだった。監督によって当然めざす野球は変わるし、コーチ陣の顔ぶれも指導も変わる。

気の毒なのは選手のほうだ。落ち着いてプレーできない。その証拠にこの間、打者で「ベストナイン」に選出されるような活躍をした日本人選手は、谷佳知4度とT‐岡田（貴弘）1度のわずか2人しかいない。

さて、水原茂監督に「四番・川上」はいたが、川上哲治監督には当然ながら「四番・川上」はいなかった。長嶋茂雄がチームの中核に成長していたが、強打者はひとりだけ。敬遠されたら得点に結びつかない。王貞治が「フラミンゴ打法」で本塁打王に輝いたのは、プロ4年目の62年からだ。

最後の4割打者のテッド・ウィリアムズのけだし名言がある。

「スポーツで一番難しいのは、野球の打撃だ」

つまり、打撃は水物なのだ。

投手陣にしてもエース・藤田元司が肩痛で不安を抱えていた。事実、57年から17勝、29勝、27勝と絶対的な柱だったが、川上さんが監督就任1年目の61年は8勝に沈んでいる。

130試合以上の長いペナントレースを戦う野球で優勝するには、やはり投手力を含めた守備力であり、盗塁を含めた走力で打撃をカバーするのがいい。現在で言うなら「スモールベースボール」だ。総合力の「チームプレー」で勝つのだ。「チームプレー」という言葉は今では当たり前に使われているが、もともと川上さんが考えた「造語」らしい。

川上さん自身、「重戦車」とあだ名された鈍足でありながら、投手のクセを盗んだり、バッテリーの隙を突いたりして積み重ねた通算220盗塁は巨人歴代3位である（1位・柴田

勲579盗塁、2位・鈴木尚広228盗塁、4位・高田繁200盗塁、5位・長嶋茂雄190盗塁。参考＝野村克也117盗塁）。

そこで川上さんはどうしたか。

戦力に恵まれない米大リーグ・ドジャースが毎年優勝争いに加わることに注目。フロリダ州ベロビーチ、ドジャースタウンのキャンプにチームごと参加し、『ドジャースの戦法』※2の著者であるコーチのアル・カンパニスから直接指導を仰いだのである。

川上さんは、アル・カンパニスによって明文化された『ドジャースの戦法』の実践をめざした。指導役として牧野茂さん（中日。当時は野球評論家）をヘッドコーチとして招いた。

また「情報野球」「管理野球」を導入し、監督1年目の61年に「チーム打率最低」、当時としては珍しい「20勝投手不在」ながら、いきなりセ・リーグを制覇するのである。

投手からスイッチヒッター、先発から抑え。適材適所のコンバート

61年日本シリーズ、「川上・巨人」と「鶴岡・南海」があいまみえる。

南海の1勝2敗。第4戦が雨天中止になると、巨人は後楽園球場から多摩川グラウンドに直行。川上さんは、雨で濡れたボールを炭火で乾かしながらの打撃練習を指示した。

この執念が第4戦での「寺田ポロリ事件」を生み、巨人が流れを完全に引き寄せた。南海1点リードの9回二死二塁。藤尾茂さんのフライを、好守の一塁手・寺田陽介さんがまさかの落球。

二死満塁になって、エンディ宮本（敏雄）さんが、投手・スタンカの球を見逃し三振と思った瞬間、勝ち急いだ私の尻がほんの少しだけ浮き上がった。

「ボール」

私が投球をストライクゾーンで確捕していれば、「ストライク」のコールだったかもしれない。実に悔やまれる。

結局、宮本さんにサヨナラ2点打を浴びた。日本シリーズは南海が2勝4敗で敗れた。「川上・巨人」は1年目にして頂点を極めたのである。

選手起用では、王貞治・長嶋茂雄でさえ別格扱いしなかった。厳しい管理野球は、ともすれば空中分解する危険性もはらんでいたが、1年目で最高の結果を出したことでチームをまとめ上げたのだ。

※2 原題：*The Dodger's way to play baseball*／「投球は一種の芸術である」から始まる。第1部守備編、第2部攻撃編、第3部指揮編。

以後、「精神野球」の南海は、「技術・情報野球」の巨人の後塵を拝する。南海が巨人に勝てないし、天下を取れないのは必然だと思った（日本シリーズ61年2勝4敗、65年1勝4敗、66年2勝4敗）。

川上さんは14年間の監督生活で13度のAクラス（日本一11回、2位1回＝74年、3位1回＝64年、4位1回＝62年）。

「あれだけのメンバーがそろえば、誰が監督をやっても勝てる」

それは浅薄な発言だ。V9を成し遂げるには、それ相応のことを裏でやっている。

甲子園優勝投手（夏春連覇）の柴田勲（法政二高）を、プロ2年目の63年に「俊足を生かした左右打ち」に転向させる。スイッチヒッターの草分け的存在であった。

柴田は、通算盗塁数で福本豊（阪急）1065盗塁、広瀬叔功（南海）596盗塁に次ぐ日本歴代3位をマークした。

また巨人生え抜きでは王貞治2786安打、長嶋茂雄2471安打、川上哲治2351安打に次ぐ2018安打（現役選手も含めると阿部慎之介が2036安打〈17年シーズン終了時〉）。先見の明があったのだ。

65年宮田征典をリリーフ専門の「8時半の男」に仕立て上げた。宮田は本来先発投手だったが、血圧が高く、１試合に「長いイニングを投げるスタミナ」がなかった。しかし、「連投するスタミナ」はあった。

宮田はこのシーズン、69試合登板20勝５敗（当時はセーブの記録はなかったが、リリーフ19勝＋22セーブ＝41セーブポイント）。藤田元司が肩痛でリタイアしていただけに、「先発」から「リリーフ」へのコンバートが成功した形となった。Ｖ９に絶好のスタートを切ったのだ。

「親孝行なら打てる」。川上監督を見ならった「野村ノート」と「ミーティング」

「選手・川上」時代、私は川上さんのファンであり、「監督・川上」時代、私は川上さんを尊敬し目標にして精進した。

ただ、いくら選手時代に「打撃の神様」と呼ばれようと、選手業と監督業は違うもの。川上さんは２連覇や３連覇ならいざ知らず、９連覇もしている。

幸いにして１年下の捕手・森昌彦（祇晶＝巨人→西武・横浜監督）と交流があったから、森に電話したり自宅に招いたりして、こと細かに「逆取材」した。

「川上さんってどんなミーティングをするんだ？　特に何についてうるさく言うんだ？」

　森からの返答はいつも同じ。

「川上監督は、ミーティングで野球のことは一切言わないよ。技術のことは、各担当コーチに任せているんだ」

「こんなに連覇しているんだ。さすがに、そんなことはないだろう。隠さなくてもいいじゃないか」

「いや、本当だよ。ミーティングの内容は、人間教育、社会教育、人生論。そういうことが多いなぁ」

　川上さんは現役引退後に「禅」と出会った。岐阜県の正眼寺を訪れ座禅を組んだという。禅語をかみしめながら野球道を切り開いた。努力するところに結果が得られる。「禅球一致」の哲学があった。

　王貞治と長嶋茂雄の存在価値は野球の数字だけではない。彼らはチームの鑑《かがみ》であった。故障をしていても、その日しか球場に見に来られないファンのために全試合出場を自らに課した。おごり高ぶるところもなかった。そういう人間教育を施したのは、紛れもなく川上さんだ。

かつて野球雑誌で、プロ野球選手のスイングの連続写真を見ながら技術解説をするというコーナーがあった。私の知り合いの野球記者が、川上哲治さんに話を聞いて原稿を書く。「打撃の神様」である川上さんが話す「スイングの基本」はこうだ。

「バットは天と地に垂直。バットのグリップを軽く握って肩の前に置く。そこから投手の投げたボールまでダウンスイングで最短距離に出す」

もう一つ。

「親孝行なら打てる」

その野球記者は当時を述懐した。

「その選手が親孝行かどうかわからないし、野球技術講座というテーマだったのに、最後はいつも観念的なことを言われるので困惑しましたね（笑）」

しかし、川上さんが言わんとしたことは、こうだったらしい。

「野球、特に打撃はメンタル的な要素が強い。親に楽をさせるために好成績を上げる。その強い意思があれば練習もよくするし、必ずや結果を残せる」

かくいう私もそうだった。瞼を閉じれば、最愛の母親が思い浮かぶ。

「いつになるかわからないけど、いつかきっと楽をさせてあげるから」

いつもその一心でバットを振った。「ブーン」というスイングの音は、いつしか「ブンッ」という音に変化した。それに伴い、私のバットはヒッティングマーチを奏でるようになったのだ。

今でこそ話すと、監督になってからの私は川上さんを見習って、シーズンオフは定期的に比叡山の延暦寺で護摩を焚いてもらっていた。選手を指導するにあたり、自分を見つめ直していた。

川上さんは『ドジャースの戦法』を教科書として「スモールベースボール」を推進し、ミーティングで人間教育を施した。

私が書いた『野村ID野球ノート』は「人間形成＋野球技術のマニュアル」からなる。

「野村監督のミーティングのノートを、選手にコピーしてもらって手に入れろ！」

――私がヤクルト監督に就任した90年当時、ユマキャンプでのヤクルト担当記者の合言葉だったらしい。

選手が書いた『野村ID野球ノート』の1ページ目には、こう書いてあった。

「耳順（人の言うことを逆らわずに素直に聴く）の気持ちを持って、ミーティングに出てほしい（野村監督の話）」

ミーティングの内容として、「技術編」を初めて話したのが2月11日。つまり最初の10日間は「野球を通しての人間形成」の話をした。

川上さんのように1年目での日本一はならなかったが、「1年目に種をまき、2年目に水をやり、3年目に花を咲かせてみせましょう」

青写真通りに「ヤクルト」という名の大輪の花をセ界に咲かせたのである。

「部長先生や監督は、野球はまったくの素人。とにかく生徒の人間性を磨き、練習は生徒の自主性に任せた」。最近でこそ少なくなったが、そんな学校が、少し前まで甲子園大会によく出てきた。やはり、そういうことではないだろうか。

組織はリーダーの器以上に大きくならない

「連覇」というと、

・新日鐵釜石—79～85年＝7連覇（ラグビー日本選手権）
・神戸製鋼——89～95年＝7連覇・平尾誠二主将（ラグビー全国社会人大会）
・帝京大———10～17年＝8連覇中・岩出雅之監督（全国大学ラグビー選手権）

・内村航平――08～17年＝10連覇（全日本体操個人総合選手権）
・大相撲――朝青龍7場所連続優勝（04～05年）、白鵬7場所連続優勝（10～11年）

以上のような例が挙げられる。「くたばれ！　ヤンキース」「くたばれ！　ジャイアンツ」ではないが、強大なチームを倒すために、弱小チームが選手一丸となって向かっていくという構図は、スポーツ・ビジネス界活性化の一つの考え方としてありうる。

しかし、巨人がV6を達成した70年頃から、マスコミや野球ファンは「一党独裁」にさすがに飽きてきたらしい。

川上さんもそれを察知して、72年頃から長嶋茂雄を「監督会議」に出席させるなど、帝王学を学ばせようとしている。

トレード交渉に長嶋を同席させようとしたのもいい例だ。私がプレイング・マネジャーだった72年オフ、川上さんから電話があった。赤坂の料亭で会うことになった。

「長嶋は近い将来、巨人の監督をやる人材だ。トレードがどういうものか教えてやりたい」

川上さんは、監督として私が最も尊敬する人物だ。組織は、リーダーの器以上には大きくならない。だからリーダー自身が自分を磨かねばならない。

自分の時代だけ結果が出ればいいと、投手を無理使いして登板過多でつぶしたり、自らが得た戦略をチームの後進に譲らない監督は多い、しかし、川上監督は異なり、組織のリーダーとして、後進である長嶋を育てようとする度量の広さに感服したものだ。

「長嶋茂雄（＝当時36歳。74年限りで引退）の後釜として、南海の三番三塁手・富田勝をトレードで譲ってくれないか。交換要員は、山内新一投手（5年間で計14勝11敗）と松原明夫投手（＝福士敬章、4年間0勝3敗）でどうだろう」

当時、巨人は8年連続日本一。戦後の46年、「赤バットの川上」のファンだった小学5年生から四半世紀の時は流れ、「憧れの川上さんと『商談』をするまでになったか」と、私はある種の感慨を覚えていた。

一方、巨人は他チームが羨む選手層なのに、何とも厚かましい交換条件だと思ったものだ。だが、それだけに勝利への飽くなき執念は凄まじいと感じた。

翌73年、私はプレイング・マネジャー4年目にして日本シリーズに進出する。しかし、「川上・巨人」の牙城は高く険しかった。1勝4敗、V9を許す結果とあいなった。

「王・長嶋をそろえていたから」と人は簡単に言うが、連覇でも難しいのに、9連覇がどれほどの偉業か、わかるというものである。

川上さんは長嶋に対して「73年を最後に現役を引退して、自分の代わりに監督をやるように」と勧めた。

71年に打率・320で長嶋は首位打者を獲得したが、72年・266、V9の73年・269と体力の衰えが顕著であった。川上さん自身は56年に打率・327（2位）、57年・284、58年・246となると潔く引退した。

私の「生涯一捕手」のようにボロボロになるまでやるのがふさわしい選手と、華やかな姿をファンのまぶたに焼き付けたままユニフォームを脱ぐのが似合う選手がいる。

川上さんは長嶋に後者を勧めた。プロ野球最上の要職である「監督の座」を自ら譲るなど、なかなかできないものである。しかし長嶋は「もう1年だけ」と、現役に固執した（長嶋74年打率・244）。

「勝つまでやるから絶対負けない」勝利への執念

巨人のV9が始まる65年からドラフト制度が導入されていた。目的は2つ。「契約金の高騰防止」と「戦力の均衡化」である。

戦力が均衡化されて、セ・パそれぞれ6チームずつあるのだから、単純に考えれば「6年に1度リーグ優勝、12年に1度日本一」になればいい計算だが、巨人監督・巨人選手は「頂点」に対する意識が、他球団監督・選手と比較してやはり強いのを痛切に感じる。

川上さんが勝つために犠牲バントを多用、「石橋を叩いて渡る」野球は、ファンからしたらあまり面白くなかったかもしれない。さらに「打撃の神様」の目からは、投手のアラが見えたのだろう。チーム内にこんなルールがあったそうだ。

「ノーサインで盗塁に失敗すれば罰金」

「カウント0ボール2ストライクから安打されたら罰金」

「走攻守3拍子そろっていないといけない」

川上さんの完全主義が、知らず知らずのうちに、若手の伸びる芽を摘み取っていたのかもしれない。

高倉照幸（西鉄→67年巨人＝66年まで通算1446安打）、森永勝也（広島→67年巨人＝62年首位打者）、桑田武（大洋→69年巨人＝59年新人王・本塁打王、61年打点王）。「最後にもう一花咲かせたい」という実績あるベテラン選手の引退前の1～2年を「つなぎ」に使うのは、巨人の伝統的な方針になっている。

ワンちゃん（王貞治）の言葉が、図らずも川上さんの特徴を言い当てている。

「川上さんは野球だけでなく、好きなゴルフでも麻雀でも、とにかく勝つまでやる。大変な負けず嫌いで、勝つまでやるから絶対に負けない。勝利に対する凄まじい執念があったからこそV9を達成できたのだと思う」

日本プロ野球の「監督の中の監督」であると言うにふさわしい。

管理
タイプ

納得
タイプ

報酬
タイプ

情感
タイプ

実績
タイプ

第1章 | 日本シリーズ

#03

森 祇晶

捕手のリード同様、根拠で納得させてプレーさせる。「名参謀」が名監督になった稀有な存在

もり・まさあき
1937年生まれ／174センチ84キロ／右投げ左打ち／捕手

選手時代	試合	1884	岐阜・県立岐阜高 ▶ 巨人（55〜74年＝現役20年）
	安打	1341	
	本塁打	81	
	打率	.236	
	打点	582	
	盗塁	29	
監督時代	年数	11年	西武（86〜94年）横浜（01〜02年）
	勝敗	1436試合785勝583敗	
	勝率	.574	
	優勝	リーグ優勝8度（日本一6度）	

編集部が選ぶ「日本シリーズ名勝負」		
58年	○**三原**(西鉄)4勝－3勝●**水原**(巨人)	「3連敗4連勝」
59年	○**鶴岡**(南海)4勝－0勝●**水原**(巨人)	「涙の御堂筋パレード」
79年	○**古葉**(広島)4勝－3勝●**西本**(近鉄)	「江夏の21球」
83年	○**広岡**(西武)4勝－3勝●**藤田**(巨人)	「球界の盟主争い」
85年	○**吉田**(阪神)4勝－2勝●**広岡**(西武)	「阪神唯一の日本一」
92年	○**森**　(西武)4勝－3勝●**野村**(ヤクルト)	「捕手対決」
00年	○**長嶋**(巨人)4勝－2勝●**王**(ダイエー)	「ON対決」

日本シリーズ史上に残る「森vs.野村」捕手対決

50年の第1回日本シリーズから17年まで、日本シリーズの歴史は計68回。

92・93年の「森・西武」と「野村・ヤクルト」の「捕手対決」は、逆転に次ぐ逆転。ヤクルトが92年の雪辱を93年に果たすなど、球史に残る屈指の名勝負だった。

しかも、56〜58年三原脩（巨人↓西鉄）vs.水原茂（巨人）の「昭和の巌流島対決」、85年吉田義男（阪神）vs.広岡達朗（西武）の「遊撃手対決」、00年長嶋茂雄（巨人）vs.王貞治（巨人↓ダイエー）の「ONミレニアム対決」と並び称せられる「ライバル対決」だった。

１年に東大入学３０００人。プロ野球選手１００人は「野球の天才」

森祇晶（旧名・昌彦）は、03年からハワイに移住している。現在何をやって暮らしているのだろう。

森は私より1年下だ。54年夏の甲子園に出場している。東大に合格できるくらい頭脳明晰だったが、家業の貿易商の経営が芳しくなかったため、進学を断念したそうだ。実家を助けるためにテスト生でプロ野球入りしたのは、私と同じだ。

それにしても、日本の最高学府・東大への1年間の入学者数は約３０００人。プロ野球は現在、「育成選手」を含めても約１００人程度しか1年間に入団できない。プロ野球選手は言わば「野球の天才」であり、森は、勉強と野球の二刀流「文武両道」だったわけだ。

森の兄・和彦も、プロ野球選手だった。岐阜高時代、夏の甲子園で準優勝。阪急に入団したが、1軍出場がないまま引退した。現役は50年から52年までで、私がプロ入りする前だから面識はない。その後、会社員として大きな成功を収めたようだ。

森は55年に巨人にテスト入団。広田順さん（53～55年捕手ベストナイン）から藤尾茂さん（56～59年捕手ベストナイン）から森がレギュラーの座を奪い、その藤尾さんがレギュラーの座を奪った。森は61年から68年まで捕手ベストナインを獲得する※3。

藤尾さんは私より1年上。兵庫・鳴尾高時代、甲子園で「1試合6牽制・盗塁刺」の大活躍を見せた強肩・強打・俊足の捕手だ。藤尾さんの存在があるがために私は巨人へのテスト入団を断念した。私より1年下の森は、勝算があったのだろうか。聞いたことはない。

森がレギュラーの座を奪取したのは59年だからプロ入り5年目。「桃栗三年、柿八年」の諺があるが、捕手も柿に似ていて、熟成するまでに時間を要するポジションだ。森も早かったとはいえ、そこそこの年輪を重ねた。

当時の水原監督は「捕手として」、打力の藤尾さんより守備力の森を買っていたようだ。水原監督の後を継いだ川上哲治監督は、チームの要である捕手・森を安住させまいと、これでもかとばかりアマチュアの有力捕手を入団させた。

60年野口元三（平安高）、佐々木勲（明大）、63年大橋勲（慶大）、宮寺勝利（東洋大）、65年吉田孝司（神港高）、67年槌田誠（立大）……。

森の打撃は、若干オープンスタンス気味の左打ちで、センター前に軽打するスタイルだった。打率こそ低かったが、勝負強かった。64年と66年はシーズン60打点超え。ONのあとの五番打者を任されることもあった。

前述のように、61年から68年まで、チーム内と他チームライバルの挑戦を退け、８年連続でベストナインに輝く。69年は、木俣達彦（中日）がベストナインに輝き、田淵幸一（阪神）もプロ入り。「打てる捕手」の台頭もあって、ベストナインとは無縁になる。

それでも日本一時には、川上さんと２人だけで日本一の祝杯をあげていたそうだ。森の背番号「27」は、「９」「22」「39」とともに、捕手の代表的な背番号になっている。

森と野村のリードの違い。「浪費」か「やりくり」か

森の「日本シリーズ20連覇」は特筆ものだ（選手、コーチ、監督として出場したシリーズで20回連続日本一）。選手時代11連覇（巨人61年、63年、65〜73年）、コーチ時代３連覇（ヤクルト78年、西武82年・83年）、監督時代６連覇（西武86〜88年、90〜92年）。

私もひと役買っている。

「パ・リーグ打者の情報を仕入れてこい」

川上さんからの指令を受け、南海と巨人が日本シリーズで対決した年（61年・65年・66年・73年）を除き、シリーズ前、森が私のところに何度も派遣されてきた。

※３　野村克也は56〜68年、70〜73年をはじめ計19度の捕手ベストナイン。

野球は「投手が勝敗の8割を握っている」と言われる。投手が投げなければ試合は始まらない。しかし、その前に捕手が球種のサインを出さなければ投手は投げられない。捕手は「守りにおける監督の分身」、試合中の「監督」なのである。

「捕手の評価が低いよな。捕手はチームという扇の要なのに……。2人で捕手の大切さを知らしめてやろうぜ」

それからゆっくりと、だが、着実に捕手の重要さは認知されていった。

そのたびに森は私の自宅の衣装ケースから、土産としてスーツを勝手に持ち帰ったのだが（苦笑）……。

73年に川上さんからトレードの打診があって、三番打者・富田勝↕松原明夫（＝福士敬章、4年間0勝3敗）・山内新一（5年間14勝11敗）を交換した。

山内は72年0勝。ヒジを痛めて以来、ヒジが「く」の字に曲がっていて、まっすぐに伸びない。だから、意識的に球をひねるわけではなく、普通に投げてもナチュラルにスライダーの変化をする。

巨人では「ちゃんと真っ直ぐを投げろ」と言われたらしいが、私は「天然スライダー、最高の球じゃないか。親から授かった素晴らしい武器や」と、その特徴をほめた。

この73年、山内が0勝からいきなり20勝、松原が0勝から7勝、江本孟紀が（71年東映で0勝から）12勝。私はプレイング・マネジャー初優勝の美酒に酔うのである。

山内が勝利を積み重ねるたびに、カメラマンの数が増え、ストロボの光を容赦なく浴びせられた。スポーツ記者からは質問の嵐だ。

「セ・リーグの名捕手・森（巨人）のリードと、野村捕手（南海）のリードの相違点は？」

まず私・野村に言わせてもらえれば、性格が全然違う。私は浪費家、森はケチ（笑）。2人とも家庭が経済的に恵まれなくて、大学進学を断念したのは共通項だ。高校時代、ポケットに1000円の金も入っていない。

森は節約家になったが、私は浪費家になった。私は1000円持つと、1100円使ってしまうタイプ。手元に金なんか残りはしない。買いたい物も買えなかった貧乏時代の反動だ。あのカネやん（400勝投手・金田正一）が口癖のように言っていた。

「人生、カネだ、金田」

いいシャレだった。

だが、リードは違う。野球でもボール球を投げさせる「ウエストボール」（浪費、無駄）というものがあるが、「やりくり」リードは私のほう。

山内が私たち2人を比較分析、図らずも、なかなか的を射た感想だと思った。

「森さんは実績ある投手を気持ちよく投げさせるリードが卓越している。野村さんは僕らみたいな発展途上の投手をリードするのが上手い」

森は、藤田元司・堀本律雄・堀内恒夫・高橋一三ら名だたるエース級の投球を受けていた。別の証言を紹介する。

当時、巨人エースだった藤田元司さん。

「森は投げさせるコースに自分の体を寄せるなど、投手のコントロールを引き出す能力に秀でていた」

73年日本シリーズ、南海は巨人に1勝4敗。山内新一と松原明夫の「巨人への恩返し」、残念ながら、させてやれなかったなぁ。

森はキャッチングが巧みで、現役20年間でパスボールは計42個。巨人と南海の投手力の差があるので一概に比較できないが、私は現役27年間で計２０７個。森の守備力の堅固さが分かろうというものだ。

川上監督、広岡監督が口をそろえる「名参謀・森」

広岡達朗さんは現役を巨人で終えたあと、セ・パの低迷チームを両方日本一にした。前年5位のヤクルトを引き受け、77年2位、78年日本一。セ・リーグで「長嶋茂雄・巨人」を、日本シリーズで「上田利治・阪急」を破った。

またパ・リーグでは前年4位の西武を引き受け、いきなり日本一2連覇。82年は「近藤貞雄・中日」を、83年は「藤田元司・巨人」をくだした。

広岡さんは広島・呉の出身で、父親が厳格な軍人（海軍）の家庭で育ったこともあり、管理野球。玄米や菜食を選手に強制しながら本人は肉食で、痛風にも悩まされたことがあった。

「優勝を味わわせてくれたことには感謝する。でも、厳しすぎて正直いい思い出がない」

当時の両チーム主力選手は異口同音に述懐する。

巨人時代の川上哲治監督と広岡遊撃手には確執があり、評論家になった広岡さんの巨人・ベロビーチキャンプ取材を川上さんは許可しなかった。そんなとき森捕手だけが広岡さんの宿泊ホテルを訪れ、食事をともにした。

巨人がV10を逃した翌74年、森は20年間の現役生活を終えた。

「我が巨人軍は永久に不滅です」

長嶋茂雄があの名セリフを残して華々しい引退セレモニーを終えたのに対し、同じく功労者である森の引退は、長嶋の陰に隠れひっそりとしたものだった。川上さんが、翌75年から監督に就任する長嶋に対して「森コーチ」を勧めたが、長嶋はそれを断ったようだ。

森は指導者として、78年ヤクルトコーチ、82年から西武コーチ。いずれも広岡達朗監督のヘッドコーチとして、セ・パ両リーグで日本一を経験。86年からは監督として成功を収めた（86年から「昌彦」を「祇晶」に改名）。

川上さんは、現役時代の森を「自分のリードで打たれたことは別にして、投手の球威を冷静に分析し、報告してきた」。

広岡さんは、ヤクルト・西武のコーチ時代の森を「遠征宿泊先で選手の生活管理をさせた。選手にはイヤがられていたようだが、相手チームの分析にしても有能な参謀としてよく働いてくれた」と評した。

西武監督時代の森を、辻発彦（現・西武監督）はこう述懐する。

「広岡監督は厳しいだけだったけれど、森監督は選手をかなりほめてくれたし、選手の立場になってくれた。優勝時、チャンピオンフラッグを持っての球場内一周も、主役の選手が先頭、脇役の監督・コーチは後方というスタンスだった」

ブレイザー（南海・広島コーチ→阪神・南海監督）、尾花高夫（巨人ほかコーチ→横浜監督）など、名参謀が必ずしも名監督になるとは限らない。「野球を分析する能力」と「チームを統率する能力」は違うからだ。

そんな中、森は「名参謀が名監督になった」稀有な存在だ。捕手は根拠を持った球種のサインで、投手を納得させて投げさせる。捕手のリードと同じで、選手に納得させてプレーさせる。捕手出身監督の為せるわざだろう。

「たら・れば」は禁句だが、ブラ砲の４連発がなければ森・西武９連覇

79年西武誕生。82年からの「広岡・西武」（4年間で3度優勝＝第1期黄金時代）に続き、86年から「森・西武」（9年間で8度優勝＝第2期黄金時代）へ移行する。

森が西武監督を務めた当時のパ・リーグの背景を記しておこう。

森・西武1年目の目玉は、超大物新人・清原和博（ＰＬ学園高）。新人最多本塁打タイの31本を放ち、途中から四番を務めた。

88年パ・リーグでは衝撃的な出来事が相次いだ。南海がダイエーに、また阪急がオリック

スに球団譲渡を発表。この年限りで山田久志、福本豊（ともに阪急）が引退。

近鉄は、王者・西武に終盤肉薄。西武が全日程終了時点で、近鉄は残り4試合のうち3勝すれば大逆転優勝である。

1勝1敗で迎えた10月19日、近鉄はロッテとのダブルヘッダー第1試合に勝ち、マジック1とするも、第2試合は時間切れ引き分けで優勝を逃す。「10・19」として語り継がれる激闘だった。

80年代後半から90年代にかけ、パに人気と実力を兼備した投手が出現、話題を呼んだ。87年新人王を争った阿波野秀幸（亜大→近鉄）と西崎幸広（愛工大→日本ハム）は、ビジュアルのよさも手伝って「トレンディー・エース」の愛称を生み、女性ファン拡大につながった。90年、ドラフト史上最多8球団競合の末、野茂英雄（新日鐵堺）が近鉄入団。豪快な「トルネード投法」で新人王・最多勝（18勝）・最多奪三振（287）・最優秀防御率（2・91）・MVP・沢村賞を独占した。

この時期、主力選手の移籍が活発で、87年落合博満（ロッテ）が牛島和彦らとの複数トレードで中日へ。91年門田博光（オリックス）が「古巣」ダイエーホークスに出戻った。三冠王ブーマー・ウェルズ（オリックス）も翌92年ダイエーに移籍。

93年日本シリーズでヤクルトに敗れた西武は、秋山幸二・渡辺智男ら3選手をダイエーに放出し、佐々木誠・村田勝喜ら3選手を獲得する大型トレードを断行した。

オリックスは94年仰木彬監督のもと、プロ3年目の鈴木一朗が大ブレイク、「イチロー」の登録名でシーズン210安打の新記録を作り、パ・リーグMVPを獲得した。

「森・西武」は、86年から88年までリーグ3連覇、1年おいてリーグ5連覇。計9年間のうち「日本一3連覇」が2度、計6度の日本一。

89年に優勝を逸したときに「進退伺」を出したが、聞きようによっては功績を評価していないような当時の堤義明オーナーからの返答だった。

「監督をおやりになりたければ、どうぞやりなさい」

森の「座右の銘」は、「心に刃をのせて」。つまり「忍」だ。優勝を逃したそのオフに中国を旅して、高僧から好きな言葉を尋ねられ「忍」と答えた。高僧は言った。

「心臓の上に刃をのせるということは大変なことだ。しかし、その字が好きだというあなたは忍ぶことができる。いい仕事ができますよ」

森は90年からまたリーグ5連覇。凄い記録である。

優勝を逃した89年にしても、近鉄とのあの死闘（近鉄・ブライアントが西武とのダブルヘッダーで4連発）で、0・5ゲーム差の逆転を許した。勝負事に「たら、れば」は禁物だが、あの4連発がなかったら、西武は9連覇である。

当時、92年まで根本陸夫氏（のちにダイエー）が選手獲得に辣腕を振るっていたが、82年から85年までの広岡達朗さんの「西武第1期黄金時代」と森の「西武第2期黄金時代」は、選手が入れ替わっている。

広岡さんは田淵幸一、山崎裕之、大田卓司、高橋直樹、東尾修ら実績あるベテランを管理野球で使いこなした。

森は、伊東勤や清原和博らの若手を「育てながら勝つ」野球で優勝に邁進した。

74年現役引退、94年監督辞任の陰にライバル・長嶋

森が「育成野球」「緻密な野球」を日本全国に知らしめたのが、87年巨人との日本シリーズ第6戦。

8回二死から辻発彦が中前安打。続く秋山幸二がこれまた中前安打。巨人の中堅手・クロマティの動作や返球が緩慢なことを西武は調査済みであった。

一塁走者・辻は二塁ベースどころか三塁ベースも蹴り、一気にホームイン。中継に入った

西武と巨人の日本シリーズ	
83年	○広岡達朗４勝 vs. ●藤田元司３勝
87年	○森 祇晶４勝 vs. ●王 貞治２勝
90年	○森 祇晶４勝 vs. ●藤田元司０勝
94年	●森 祇晶２勝 vs. ○長嶋茂雄４勝
02年	●伊原春樹０勝 vs. ○原 辰徳４勝
08年	○渡辺久信４勝 vs. ●原 辰徳３勝

遊撃・川相昌弘も左回転ではなく、右回転でバックホームしてしまった。

第7戦、巨人に指名されなかった悔しさを晴らせることを思い、日本一を目前にして涙したのが、一塁を守っていた2年目の四番・清原和博だった。

90年の日本シリーズ。第1戦の1回、一番打者・辻発彦（西武）は、槙原寛己（巨人）から一塁線を痛烈に破るヒット。辻は第1戦から3試合連続先頭打者安打。執拗な右打ちで巨人をかく乱し、西武無傷の4連勝日本一に貢献。

巨人の選手会長だった岡崎郁は、惨敗の心境をこう表現した。

「野球観が変わった気がする」

無理もない。90年、巨人は１３０試合で88勝42敗の貯金46。2位・広島に実に22ゲーム差の大独走。87年の雪辱を果たすつもりで臨んだ日本シリーズで、一矢も報えないで敗退だ。

しかし、森は94年「長嶋・巨人初の日本一」を許し、監督のユニフォームを脱いだ。「森辞任」は内々で決定事項だったのだが、一報が流れたのは日本シリーズ第6戦の試合前。東京ドームのオーロラビジョンでも大きく報じられた。

「野村と長嶋」「森と長嶋」。森にとってはある意味、私と違った意味で長嶋がライバルだったろう。奇しくも20年前の74年現役引退時と同様、長嶋が脚光を浴びる中、またしても球界を去るのは、さぞ無念だったに違いない。

「監督の分身」を育てて勝ちにいく。捕手が育てば投手も育つ

私が捕手として相手打者を4タイプ（A～D型）に分類し、投手をリードすることはこれまで何度も述べている。捕手がもし相手打者と話す機会があったとしても、打者は「自分が何型か」言うはずがないし、分類は捕手自身の判断でいい。

・A型（理想型）＝来た球を打つ。速球を待っていて、変化球に対応する。
・B型（無難型）＝内角・外角のコースに的を絞る。
・C型（器用型）＝流すか引っ張るか、打つ方向を決める。

・D型（不器用型）＝狙い球を決めて、その球種にヤマを張る。

打者に共通するテーマは「変化球にどう対応するか」であり、一方の捕手は、打者のその意識を踏まえて配球とリードを組み立てる。判断の基準は大別して以下の3つだ。

①味方投手中心（あらゆる打者に通用する配球。または投手力が勝る場合）
②相手打者中心（強打者、好調打者に対する際。または技巧派投手の場合）
③状況中心（ピンチの場合）

そして、チームの基盤を作るとき、監督の分身である捕手を育成するのが手っ取り早い。私は古田敦也（ヤクルト＝ゴールデングラブ賞10度）・矢野燿大（阪神＝ゴールデングラブ賞2度、03年・05年）・嶋基宏（楽天＝ゴールデングラブ賞2度、10年・13年）に「リードのエキス」を注入した。

森は高校出捕手（熊本工高→所沢高に転校）の伊東勤をうまく育てた。プロ3年目の84年にはレギュラーを完全奪取。捕手が育てば、投手も育つ。工藤公康や渡辺久信が好例だ。

伊東の成長があってこそ、森の成功もあったといっていい（伊東82～03年＝現役22年通算２３７９試合、ゴールデングラブ賞11度）。

西武は伊東が成長し、伊東が西武監督に就任したことにより、好捕手の系譜ができている。

細川亨（西武→ソフトバンク→楽天）は、04年伊東勤（西武）・08年渡辺久信（西武）・11年秋山幸二（ソフトバンク）、３監督の「初の日本一」の原動力になった（ゴールデングラブ賞２度、08年・11年）。炭谷銀仁朗（西武）も成長した（ゴールデングラブ賞２度、12年・15年）。

好捕手の思考。伊東勤の「結果球（安打と同じ球、凡打の逆球）」

投手も打者も、初球から最後まですべて覚えている人は、ほぼいない。それでも、結果が安打であれ凡打であれ、最後の球種だけは印象深く残っているはずだ。

例えば１打席目の最後、カーブを痛烈に安打されたとする。２打席目のリードをどうするか？

「すでに安打したのだから、カーブだけは来ないはずだ……」

そう考える打者は多いから、２打席目の初球がまさにそのカーブだと打者は面食らう。

パーセント以上は見逃しストライクを取れるだろう。その反対もしかり。これを「結果球（安打と同じ球、凡打の逆球）」と私は表現している。

結果球を判断の軸にするのが「好捕手の思考」であり、このリードをうまく使ったのが92年・93年・97年と日本シリーズで対戦した伊東勤（西武）だった。

「前の打者が安打だったら、次打者は初球にその球種をマークしろ」

私は92年の日本シリーズで、そんな指示を出した。第6戦、池山隆寛が渡辺久信からカーブを本塁打すると、次打者・橋上秀樹（現・西武コーチ）もカーブを左前安打して続いた。この試合、「伏兵」の七番・橋上は先発・工藤公康からの本塁打を含む5打数4安打だった。

92年日本シリーズ。「ギャンブルスタート」

現役時代、私の自宅で「日本シリーズ対策」を行ってから時は流れ、92年と93年に森と監督として相まみえたときは感慨深いものがあった。

マスコミはやれ「狐と狸の化かし合い」だの「グチの森とボヤキの野村の喋り合い」だの、好き勝手なことを言った。しかし、お互いの愛弟子（西武・伊東勤、ヤクルト・古田敦也）が名捕手に育っており、森と野村の「分身対決」「代理戦争」「頭脳戦」だった。

92年日本シリーズ	
第1戦	●西武3－7ヤクルト○【延長12回】
(神宮) 勝＝岡林1勝　敗＝鹿取1敗 本＝デストラーデ1号・2号。本＝古田1号、杉浦1号	
第2戦	○西武2－0ヤクルト●
(神宮) 勝＝郭1勝　S＝潮崎1　敗＝荒木1敗 本＝清原1号	
第3戦	○西武6－1ヤクルト●
(西武) 勝＝石井丈1勝　敗＝石井一1敗 本＝広沢1号	
第4戦	○西武1－0ヤクルト●
(西武) 勝＝鹿取1勝1敗　S＝潮崎2　敗＝岡林1勝1敗 本＝秋山1号	
第5戦	●西武6－7ヤクルト○【延長10回】
(西武) 勝＝伊東1勝　敗＝潮崎1敗2S 本＝デストラーデ3号。本＝ハウエル1号、池山1号	
第6戦	●西武7－8ヤクルト○【延長10回】
(神宮) 勝＝伊東2勝　敗＝潮崎2敗2S 本＝石毛1号、鈴木健1号。本＝橋上1号、池山2号、ハウエル2号、秦1号	
第7戦	○西武2－1ヤクルト●【延長10回】
(神宮) 勝＝石井丈2勝　敗＝岡林1勝2敗	
MVP＝石井丈裕 (西)　敢闘賞＝岡林洋一 (ヤ) 優秀選手賞＝石毛宏典 (西)、秋山幸二 (西)、飯田哲也 (ヤ)	

日本シリーズは短期決戦。全7試合のうち、4勝したほうが日本一だ。私は「先手必勝」で、第1・4・7戦の「奇数試合重視」。森は「第1戦の戦いぶりを見て、次戦からの戦略を練る」という「第2戦・偶数試合重視」。そうなれば、お互いのシナリオ通りにいかないにしても、最後までもつれ

るのは必至だ。

森は86年に西武監督就任以来、6年間で5度の日本一。

一方の「野村・ヤクルト」は、シーズン中に9連敗を喫するなど、69勝61敗1分の勝率・531。60勝台での優勝。故障者も出て満身創痍。マッチレースになった阪神を最後の最後、ペナントレース130試合目でうっちゃって14年ぶりリーグVを決めた。

しかもエース格の岡林洋一が先発・抑えにフル回転。92年34試合23先発12完投、15勝10敗0S、投球回197、防御率2・97。「岡林肩痛、今季絶望！」の見出しがスポーツ紙に何度躍ったことか。それでも頼れるのは岡林しかいなかった。落差の大きいドロンとしたカーブが、西武打線に有効とのデータも出ていた。

当時の日本シリーズはデーゲームで行われており、神宮と狭山の晩秋の柔らかな日差しを浴びながらの戦いは、なかなか趣があった。しかし、逆転に次ぐ逆転、延長に次ぐ延長。まさに死闘。本塁打で決着の試合が多かった。

第1戦は杉浦享が「延長・代打・サヨナラ・満塁・本塁打」という日本シリーズ史上初の快挙をやってのけた。

第2戦は「甲子園のヒーロー」荒木大輔から、これまた「甲子園の申し子」清原和博が2

92年日本シリーズ第7戦

	1	2	3	4	5	6	7	8	9	10	R
西武	0	0	0	0	0	0	1	0	0	1	2
ヤクルト	0	0	0	1	0	0	0	0	0	0	1

（西）○石井丈（2勝）－伊東　（ヤ）●岡林（1勝2敗）－古田

点本塁打。

第4戦は秋山幸二の一発。第5戦は池山隆寛、第6戦は秦真司がそれぞれ延長戦に「ひと振り」で決めた。

プロ入り2年目の岡林は闘志あふれる孤軍奮闘の投球、「平成の鉄腕」ぶりを発揮した。

第1戦・4戦・7戦と、3試合3先発3完投、投球回30、投球数430。1勝2敗0S、防御率1・50。

日本シリーズの投球回30は59年杉浦忠（南海）以来33年ぶり、3完投は64年ジョー・スタンカ（南海）以来。だからヤクルトファンに言わせれば、「岡林は特別な存在」なのだ。

選手層に関して熟成した西武と比べられるレベルではなかったが、ヤクルトは負けてもともとの気楽さと、若い主力選手たちには「怖いもの知らず」の勢いがあった。シリーズ戦前の予想に反し、雌雄を決する最終第7戦まで覇権の行方はもつれた。

「これはひょっとすると、ひょっとするか？」

第7戦、明暗を分けたのは7回の攻防だった。

この日本シリーズ、当時「球界随一の強肩・俊足」は平野謙（中日→西武→ロッテ）の代名詞だったが、飯田哲也は世代交代をまざまざと見せつけるプレーを随所に披露していた。

7回表二死一・二塁。中堅・飯田は、打席が九番・投手の石井丈裕ということもあって前進守備。だが、意に反して鋭い当たりのライナーが中堅頭上を襲った。飯田は必死にバック。捕球体勢に入って一瞬安心したのか、打球はグラブをかすめて中越え安打、同点に追いつかれた。

「飯田でなかったらあそこまで追いついていない。仕方ない」

誰も飯田を責めない。ナインは潔くあきらめた。いや、納得していた。飯田の素晴らしい守備が、いくたび味方を窮地から救ってきたことか。

7回裏一死満塁。打者はとっておきの代打・杉浦享。第1戦では12回裏に、日本シリーズ史上初の殊勲打をスタンドに叩き込んでいる。

石井の投じた甘い球を杉浦はバット一閃。強烈なゴロが一・二塁間を襲う。名手・辻発彦が追いついたが、体勢は崩れている。ダブルプレーはない。

「やった！　勝ち越しだ!!」

誰もがそう思った。しかし、三塁走者・広沢克己が本塁ベースを踏んでいない。どこにいる？　目を疑った。まだ三本間を一生懸命走っているではないか。

「まだ本塁に来ないのか」

ほんの1秒が、1分にも感じられた。辻二塁手は左1回転し、投げたのは本塁だった。送球は高くそれたが、本塁クロスプレー。まさかのアウトだった。

広沢は大柄だが、鈍足ではない。すごすごとダグアウトに戻ってきた広沢に私は尋ねた。

「なぜスタートが遅れたんだ？」

「ライナーでのダブルプレーに注意していました」

私は返す言葉を失った。セオリーとしては間違っていないからだ。あの場合、投球がバットに当たったら三塁走者はスタートを切る。ライナーが飛んだら仕方ないと腹をくくらねばならない。その指示を的確に出せなかったベンチが至らなかったのだ（そのオフ、苦渋の思いから「ギャンブルスタート」という戦法を編み出した。どうしても1点をもぎ取りたいとき、文字通り一か八か、賭けでスタートを切るのだ）。

延長10回表に秋山幸二が犠飛。結局、第7戦を落とし、掌中の大魚を逃がしてしまった。

ＭＶＰは石井丈裕、岡林が「敢闘賞」に選ばれた。82年早実高3年生の夏、荒木大輔がエース、石井は控えだった。10年たって石井がマウンドで日本一の雄叫びをあげた。

93年日本シリーズ。男がこらえ切れずに流した涙は美しい

2年連続同じ顔合わせとなった日本シリーズ。

今でもあの瞬間を鮮明に覚えている。93年日本シリーズ第4戦、1対0とリードした8回表二死一・二塁。「前年のこと」があったにもかかわらず、中堅・飯田は果敢に前に出て守った。

打者・鈴木健が中前安打。飯田は俊足を生かして打球へ好スタート、捕ってから助走はワンステップ。テークバックが小さく、投げるまでが実に素早い。まさに元捕手の「二塁送球」の要領だ。バックホーム。

その距離約70メートル。捕手・古田にノーバウンドのストライク返球、二塁走者・笘篠誠治を刺した。同点は覚悟していたが、西武に傾きかけていた流れを引き戻し3勝1敗、ヤクルト日本一を引き寄せた決定的瞬間だ。

82年から92年まで日本シリーズ8勝1敗の王者・西武の牙城を崩す（1敗は85年阪神日本一）、球界の勢力地図を塗り替えたバックホームだった。

平成以降、ここ30年間では、平野謙（中日→西武→ロッテ）、北村照文（阪神→西武→中日）、秋山幸二（西武→ダイエー）、新庄剛志（阪神→メジャー→日本ハム）らが名外野手としてあげられるが、外野守備では飯田哲也が間違いなくＮＯ・１だ。それは他の追随を許さない。

私は前年の92年シーズン前、こんなことを言っていた。

「15勝級投手が２人（西村龍次、川崎憲次郎）、攻撃４部門を狙う打者もそろった（打率＝古田敦也、本塁打＝池山隆寛、打点＝広沢克己、盗塁＝飯田哲也）。チームには１年目に種をまき、２年目で水をやった。３年目は花を咲かせてみせましょう」

14年ぶりリーグ優勝にわくヤクルトの中で、蚊帳の外だったのが川崎憲次郎だ。高校出１年目の89年４勝、90年12勝、91年14勝と順風満帆な成長を遂げていたのに、92年は右肩痛で０勝。悔しい胸中は、察するに難くない。

復帰した93年ペナントレースは10勝。

「復調した肩の調子がさらによくなってきて、幸運にもピークが日本シリーズに来た。復帰ではなく、完全復活です」

２勝を挙げ、日本シリーズＭＶＰを獲得した川崎の目は、感涙で真っ赤だった。

93年日本シリーズ	
第１戦	**●西武５−８ヤクルト○**
（西武）勝＝荒木１勝　敗＝工藤１敗 本＝伊東１号、秋山１号。本＝ハウエル１号、池山１号	
第２戦	**●西武２−５ヤクルト○**
（西武）勝＝西村１勝　Ｓ＝高津１　敗＝郭１敗	
第３戦	**○西武７−２ヤクルト●**
（神宮）勝＝渡辺久１勝　敗＝伊東１敗 本＝田辺１号、秋山２号	
第４戦	**●西武０−１ヤクルト○**
（神宮）勝＝川崎１勝　Ｓ＝高津２　敗＝石井丈１敗	
第５戦	**○西武７−２ヤクルト●**
（神宮）勝＝鹿取１勝　Ｓ＝潮崎１　敗＝宮本１敗 本＝清原１号、鈴木健１号。本＝荒井１号	
第６戦	**○西武４−２ヤクルト●**
（西武）勝＝郭１勝１敗　Ｓ＝潮崎２　敗＝西村１勝１敗 本＝秋山３号	
第７戦	**●西武２−４ヤクルト○**
（西武）勝＝川崎２勝　Ｓ＝高津３　敗＝渡辺久１勝１敗 本＝清原２号。本＝広沢１号	
MVP＝川崎憲次郎（ヤ）　敢闘賞＝清原和博（西） 優秀選手賞＝飯田哲也（ヤ）、高津臣吾（ヤ）、潮崎哲也（西）	

91年入団選手は、ドラフト1位が岡林、3位が高津臣吾。92年ペナントレースでヤクルト69勝中、高津は先発で5勝（3完投）を挙げ優勝に貢献していたが、日本シリーズ中はファーム教育リーグに参加。言わば「戦力外」だった。

そのオフ、球団のセ・リーグ優勝祝賀会の最中、高津は自らの不甲斐なさを思い、こぼれ落ちそうになる涙を必死にこらえていた。

92年日本シリーズ、高津と同期の岡林洋一が登板全3試合完投と孤軍奮闘。つまり、「抑えの切り札不在」がウィークポイントであることは明白だった。

西武の抑えはベテラン・鹿取義隆（高知商高→明大→巨人→西武→現・巨人GM）と3年目・潮崎哲也のダブルストッパー体制だった（あまり知られていないが、鹿取と岡林は親戚の間柄である）。

92年日本シリーズでヤクルト打者が翻弄された潮崎の投じる「魔球」チェンジアップ・シンカーは、打者の手元で一度フワリと浮き上がって、右打者のヒザ元にストンと沈んだ。

抑え投手に絶対不可欠な条件が3つある。

「ピンチに動じないマウンド度胸」

「絶妙なコントロール」

「落ちる球」

潮崎は高津と同い年で、また同じ右サイドスローであった。

「高津よ、潮崎のあの落ちるシンカーを覚えられんか？」

江夏豊（79年・80年広島、81年日本ハムで優勝）は「優勝争いのせめぎ合いの中で投げるセーブにこそ価値がある」と言っていたが、広島出身でカープファンだった高津は、11歳のときに「江夏の21球」を目撃している。

93年、抑え投手定着をめざした高津は、シンカーを武器にしたアンダースローの山田久志（阪急＝通算６５４試合２８４勝１６６敗43S、防御率３・18＝最多勝３度、最高勝率４度、最優秀防御率２度）に春のキャンプで教えを乞う。

シーズン序盤の５月、高津は、高校出１年目の巨人・松井秀喜にストレートを打たれ、プロ７打席目の１号本塁打を献上したが、その試合で高津自身も記念すべきプロ初セーブを挙げた。

日本一になった瞬間、高津は両腕を天に突き上げた。そしてベンチ裏で号泣した。川崎と高津。悔しくても、悲しくても、そして嬉しいときでも、男がこらえ切れずに流した涙は美しい。

92年は３勝４敗で西武の後塵を拝したが、93年に４勝３敗で雪辱。森の日本シリーズ制覇を20回でストップさせたのが、実は「野村・ヤクルト」なのだ。

高津はその後、スピードの違うシンカー３種類（１３０キロ台、１１０キロ台、99キロ）を操り、「９回のスペシャリスト」として長く球界に君臨するのである。

計4度（93年・95年・97年・01年）の胴上げ投手の栄誉にも浴した。日本シリーズでは1点も取られていない。

ユニフォームを変えての対決。「森・横浜」vs.「野村・阪神」

森は01年・02年と横浜の監督を務めた。私との唯一の「同一リーグ対決」は01年。「森・横浜」vs.「野村・阪神」は、私の13勝14敗1分。

あの年の優勝は戦前の予想を大きくくつがえして「若松勉・ヤクルト」。石井一久12勝6敗、藤井秀悟14勝8敗、入来智10勝3敗、前田浩継7勝10敗。石井に続く先発2番手以降はノーマークの「新顔」だった。MVPは打率・322、39本塁打127打点のペタジーニ。

森の横浜1年目は、主砲のロバート・ローズの退団もあって、序盤苦しんだが、オールスター前後に10連勝をマークしてAクラス3位。

2年目は、谷繁元信捕手と前年チーム最多勝の小宮山悟がFA移籍。13連敗などで最下位に沈んだ。優勝慣れしている森にとって、受け入れ難い現実だったろう。

横浜の某主力選手いわく「捕手・谷繁元信のリードに森監督が細かく注文をつけたため、ソリが合わなくなって、谷繁が中日に移籍してしまった。そこから横浜の低迷が始まった」

思えば、森昌彦（祇晶）は巨人での現役時代、藤田元司・堀本律雄・堀内恒夫・高橋一三ら名だたるエース級の投球を受け、西武監督時代も東尾修・郭泰源・工藤公康・石井丈裕・渡辺久信らタイトルホルダーがそろっていた。

98年、三原脩監督以来38年ぶり日本一を決めた横浜は、権藤博監督のような放任野球が昔からのチームカラーである。古葉竹識監督（87～89年＝5位・4位・6位）や森が体現する「緻密な野球」は合わなかったようだ。

前でも触れたように、現役時代の森は捕手の重要性を周囲に認知させた。監督になってからは捕手のリードのごとく、根拠で納得させて選手たちにプレーをさせた。「名コーチが名監督」になった稀有な存在であった。

管理
タイプ

納得
タイプ

報酬
タイプ

情感
タイプ

実績
タイプ

第２章 ｜ 南海時代

#04

鶴岡一人

「親分」「子分」の精神野球、「ほめる」と「けなす」の飴と鞭。決めゼリフは「グラウンドにはゼニが落ちている」

つるおか・かずと

1916年生まれ／173センチ68キロ／右投げ右打ち／三塁手

選手時代	試合	754	広島・広島商 ▶ 法大 ▶ 南海（39、46〜52年 ＝ 現役８年）
	安打	790	
	本塁打	61	
	打率	.295	
	打点	467	
	盗塁	143	
監督時代	年数	23年	南海（46〜68年）
	勝敗	2994試合1773勝1140敗	
	勝率	.609	
	優勝	リーグ優勝11度（日本一２度）	

「ノムラの上司」は、驚異的な「通算勝率」6割超

鶴岡一人監督は、言わずもがな私が南海にプロ入りしてからの監督、上司である。同一チーム監督23年、通算1773勝はいずれも歴代1位。

また「勝率6割でリーグ優勝」が当たり前のプロ野球の世界において、「通算500勝以上で勝率6割超え」は歴代監督の中でも唯一の大記録である。

通算23年間で、Aクラス21回（リーグ優勝11度、2位9回、3位1回）、Bクラス2回（49年4位、67年4位）というのは驚異的だ。

パ・リーグでは西鉄とのマッチレースが多かった。1リーグ時代の49年にエース・別所毅彦を巨人に引き抜かれたために、継投策を駆使して51〜53年までパ・リーグ3連覇。しかし、日本シリーズでは巨人に泣かされ続けた。

日本一は2度。59年杉浦忠の4連投4連勝で巨人を退け、5度目の巨人挑戦でやっと溜飲を下げる。64年はスタンカの快投で阪神を退けた。2度とも私が捕手である。

鶴岡さんは47年から「背番号30」を付けたが、少年野球の監督が背番号30で決まっているのは、セ・リーグの水原茂さん同様、昔からの鶴岡さんのイメージが影響しているのかもし

れない。

「野球芸人」改め、神風特攻隊の「軍隊野球」

鶴岡さんは広島県の出身。戦後、プロ野球界で「赤バットの川上哲治」「青バットの大下弘」「物干し竿の藤村富美男」が一世を風靡した。藤村さんは、隣の小学校の同級生だったそうだ。

鶴岡さんは広島商に進み、甲子園で全国制覇。法大では「東京六大学史上最高の三塁守備」との誉れが高い花形選手だった。卓越した統率力から大学卒業と同時に主将として39年南海に迎えられた。

しかし、法大OB連中の鶴岡評は「手厳しい」を超えていた。

「母校の恥だ。卒業と同時に職業野球に入って、野球芸人にでもなるつもりか。除名せよ」

34年に米大リーグのベーブ・ルースらを迎えるために産声をあげたプロ野球は、「職業野球」としてまだまだ軽んじられていた。日本でも設立当初の職業野球に対する評価は「海のものとも山のものとも分からない興行」だった。

当時は東京六大学野球全盛時代。卒業したら企業チームに進み、27年に始まっていた「都市対抗野球」をめざすのが既定路線だった。

野球はもともと、英国の球技である『タウン・ボール』が米国に持ち込まれ、１８３０年代に形成されたのではないかと言われている。日本と同じ島国の英国では、「スポーツでお金を稼がないアマチュアこそ崇高なもの」との考えが根強く残っていたらしい。

鶴岡さんは終戦直前の45年8月、神風特攻隊の出撃地となった鹿児島県知覧町の「陸軍航空隊機関砲中隊長」を務め、低空で飛来してくる爆撃機を撃墜する任務を拝命していたそうだ。

終戦。46年に復員し、30歳で南海のプレイング・マネジャーを務める。約２００人の部下を率いた経験が、鶴岡さんに強烈な印象を残したのであろう。「鶴岡野球」イコール、戦時下で形成された典型的な精神に基づく「軍隊野球」であった。

鶴岡さんは東京六大学出身の後輩を中心に食事会などを開いた（高校出の私は呼ばれなかった）。その面倒見の良さから「親分」と慕われた。

「親分」という呼び名があるということは、必然的に「子分」が存在する。「隊長」と「兵隊」。子分たちは派閥を形成する。決めごとは、苗字が鶴岡だけに、まさに「鶴のひと声」。

私はプロ野球の世界に入る以上、やはり野球が上手くなりたかった。自分が成長するのを楽しみにしていたし、プロでは「気力」「体力」「知力」においてどんな高度な野球をやるのか期待に胸を膨らませていた。

しかし、何かあればビンタ、正座。およそプロ野球らしくない。打撃技術のイロハも教えてくれない。毎日の練習後、「野村ノート」に書くことといったら、まるで軍隊の掛け声だ。

「野球で大事なのは根性だ！」

「打てないなら、球にぶつかって四球で出ろ！」

「失敗したら営倉（大日本帝国陸軍に存在した、下士官兵に対しての懲罰房）にぶち込むぞー！」

私は気力だけを重視する精神野球を嫌悪する。精神野球を反面教師にして、私は「考える野球」を標榜したのだ。

部下の中には必ず敵がいる。味方と敵が5対5なら指導者失格

鶴岡親分には「決めゼリフ」があった。

「グラウンドにはゼニ（銭）が落ちている。ゼニを稼げる選手になれ！」

プロだから、やればやっただけ給料としてハネ返って来る。言わんとすることはわかるの

だが、明けても暮れてもそればかり。さすがに15年間（54～68年）も聞かされたら食傷気味になる（ちなみに『グラゼニ』という最近の野球漫画のタイトルはこの言葉が由来のようだ）。

鶴岡さんは義理の父親が小学校の校長先生をしていたらしい。その校長先生から助言されたそうだ。

「部下の中には必ず『敵』がいるものだ。とはいえ敵がいないと、指導者としての勉強をしなくなる。味方と敵が5対5なら指導者失格、6対4なら及第点、7対3なら立派だ」

鶴岡さんの長男の鶴岡泰氏は、法政二高から法大に進んだ外野手。67年ドラフトで南海12位で指名されるが、プロ入りしなかった。

その後、ＰＬ学園高の監督に就任、78年の夏の甲子園で「逆転のＰＬ」として優勝を果たす。バッテリーは西田真二（広島）－木戸克彦（阪神）だった。その後、大産大高の監督、法大監督を歴任。近鉄スカウト、マリナーズのスカウトも務めた。

それにしても鶴岡さんはなぜか私に冷たかった。テスト生上がりで三冠王になり、監督。鶴岡さんからしたら、自らの育成の手腕を証明・自慢できる選手だったはずなのに……。

優勝監督でMVP

鶴岡一人・三塁手
46年＝104試合、122安打の打率.314、4本塁打、95打点、32盗塁（打点王）
48年＝125試合、137安打の打率.305、8本塁打、68打点、23盗塁
51年＝91試合、105安打の打率.311、2本塁打、58打点、19盗塁
若林忠志・投手（08年生＝本牧中〈現・横浜高〉→法大→コロムビア→36年阪神→50年毎日）
44年＝31試合、22勝4敗、防1.56（防御率1位）
47年＝43試合、26勝12敗、防2.09

「自ら範を垂れる」プレイング・マネジャーの草分け

鶴岡さんは、戦後再開されたプロ野球界で、46年から52年まで史上初のプレイング・マネジャー（選手兼任監督）を務めた（プロ野球界は50年にセ・パ2リーグに分立）。

私がプロ入りした54年にはすでに監督専任だったので、「兼任の何が大変か」というのをリアルタイムで見られなかったが、それでも46年・48年・51年は優勝してMVP、さらに監督専任になった53年にも優勝を果たしている。

「優勝監督でMVP」は、鶴岡さんのほか、若林忠志さん（阪神44年・47年）、私（73年）の３人だ。

昭和40年代の青年プレイング・マネジャー・トリオ

中西 太・三塁手（33年生＝香川・高松一高→52年西鉄）（通算1388試合、1262安打の打率.307、244本塁打、785打点、142盗塁）
・62年29歳～69年36歳の8年間。 若林忠志ヘッドコーチ＝投手出身。 ・1位1回（63年）、2位2回、3位2回、5位3回。 ・63年81試合61安打の打率.282、11本塁打26打点0盗塁が兼任時代の最高成績。
野村克也・捕手（35年生＝京都・峰山高→54年南海）（通算3017試合、2901安打の打率.277、657本塁打、1988打点、117盗塁）
・70年35歳～77年42歳の8年間。 ブレイザーヘッドコーチ＝内野手出身。 ・1位1回（73年）、2位3回、3位2回、4位1回、5位1回。 ・70年130試合142安打の打率.295、42本塁打114打点10盗塁が兼任時代の最高成績。 ・73年129試合147安打の打率.309、28本塁打96打点3盗塁でMVP。 ・77年127試合95安打の打率.213、16本塁打58打点0盗塁が南海時代の最終年の成績。
村山 実・投手（36年生＝兵庫・住友工高→関西大→59年阪神）（通算509試合、222勝147敗、防2.09）
・70年34歳～72年36歳の3年間。 金田正泰ヘッドコーチ＝外野手出身。 ・70年から2位、5位、2位。 ・70年から14勝、7勝、4勝。70年は最高勝率（.824）、最優秀防御率（0.98）のタイトル獲得。

〈参考〉近年のプレイング・マネジャー

古田敦也・捕手（65 年生＝兵庫・川西明峰高→立命大→トヨタ自動車→ 90 年ヤクルト）（通算 2008 試合、2097 安打の打率 .294、217 本塁打、1009 打点、70 盗塁）
・06 年 41 歳～ 07 年 42 歳の 2 年間。 伊東昭光ヘッドコーチ＝投手出身。 ・06 年から 3 位、6 位。 ・06 年 36 試合 22 安打の打率 .244、0 本塁打 8 打点 0 盗塁が兼任時代の最高成績。
谷繁元信・捕手（70 年生＝島根・江の川高〈現・石見智翠館高〉→ 89 年横浜大洋→ 02 年中日）（通算 3021 試合、2108 安打の打率 .240、229 本塁打、1040 打点、32 盗塁）
・中日 14 年 44 歳～ 15 年 45 歳の 2 年間。 森 繁和ヘッドコーチ＝投手出身。 ・14 年から 4 位、5 位。 ・14 年 91 試合 44 安打の打率 .195、1 本塁打 23 打点 0 盗塁が兼任時代の最高成績。

私がプレイング・マネジャーの任に就いたのは70年から。兼任で一番困るのは、春先２月のキャンプだ。「一年の計はキャンプにあり」。監督業をやっていたら、選手業をできない。指導していたら、その年の自分の体を作れないのだ。

そして、試合に出ながら監督業をすべてやるというのも現実的に困難だ。一プレーヤーであるのだから、戦力として試合に出ないと意味がない。ファンもそれを期待する。サインも出さなくてはならない。となると、助監督なりヘッドコーチをつけて、采配・戦略面で力を借りたほうがいい。

「いいヘッドコーチをつけなさい」

古田敦也（ヤクルト）にしても、谷繁元

信（中日）にしても、プレイング・マネジャーをするにあたって、老婆心ながらマスコミ経由でアドバイスを施した。しかし、残念なことに声は届かなかったようだ。双方とも投手出身者がヘッドコーチ。投手では、攻撃の作戦がたてられないではないか。

私の頃は「青年プレイング・マネジャー・トリオ」だった（中西、野村、村山）。

指導者は結果論でモノを言ってはならない

鶴岡さんは結果論でモノを言うことが多かった。ある試合、中西太さん（西鉄）と対決し、豪快な本塁打を浴びた。

「何を投げさせたんや！」

「ストレートです」

「バカたれ！」

（そうか、ああいう場面で中西さんにストレートは禁物なのか。いい勉強になった）

後日の試合で同じような場面、今度はストレートを見せ球にしてカーブ勝負。だが、また、みごとに本塁打。「さすがプロ」と脱帽してダグアウトに戻ると鶴岡さんが物凄い形相で仁王立ちしている。

「何を投げさせたんや」

「カーブです」

「バカたれ！」

納得がいかない。私はここで聞かないと一生後悔すると思って、大監督に対してありったけの勇気を振り絞って尋ねた。

「ああいう場面では、どんな球種を投げさせるべきなんでしょうか。教えていただけませんか……」

「何ぃ？　自分で勉強せい！」

リードはもちろん打撃でも、私がヤマを張って安打なら喜び、凡打だと「なぜヤマを張るんだ！」と怒る。

要するに「結果オンリー」なのだ。指導者は結果論でモノを言ってはならない。打者に「ヤマ張り」を奨励する私は、監督に就任するとき誓ったものだ。

（選手のヤマがはずれて見逃し三振しても、考えた末の根拠ある見逃し三振なら、絶対に怒るのはやめよう）

97年のヤクルト日本一時にトップバッターとして打線を牽引した真中満。彼は一番打者なのに1球目から打って一塁ゴロ、または見逃し三振が多かった。実は真中は内角球しか打てなかったから、試合の先頭打者でも内角球と予想すれば初球から振っていったのだ。

「打てないならヤマを張れ。ヤマがはずれて見逃し三振してもオレは文句を言わない」

真中は現役引退時、私に対してこう感謝の言葉を述べていた。

「2ストライクに追い込まれてもどうせ外角球が打てないのだから、ずっと内角球にヤマを張って待った結果、見逃し三振。でも、野村監督は文句を何も言わなかった。選手として嬉しかったし、やりやすかった」

真中満。入団時から統率力と求心力があった。「名は体を表す」と言うが、いつもナインの真ん中で、活気に満ちていた。外野手出身ながら、2年連続最下位だったヤクルトを、監督就任1年目にしてリーグ優勝に導いた（15年）。

ほめて自信をつけさせる。「言葉」とは「選手育成の道具」である

三原脩監督（西鉄）は自チームの選手をこれでもかとばかりにほめ、相手チームの中心選手をけなした。

三原さんと正反対で、鶴岡さんは相手チームの中心選手をほめ、自チームの中心選手はけ

なした。

鶴岡さんは、「怪童」中西太さんの豪打や、「鉄腕」稲尾和久（西鉄）の剛球を見てこう言った。

「中西こそプロ中のプロや。それにひきかえ、お前、一流投手は打てんのう。ゼニにならんのう」

現代なら立派なパワー・ハラスメントで、「アウト」の発言である。

球場入りしてきた鶴岡さんに挨拶をしても、いつも無視され続けていた。意図的なのか無意識なのか、聞こえているのかいないのか。しかし、結果論でモノを言い、けなしてばかりの鶴岡さんが、たった一度だけ私をほめてくれたことがあった。

プロ４年目の私はレギュラーを奪取し、本塁打王を獲得した。球場でのすれ違いざまだった。

「おはようございます」

「最近、お前、ようなったな」

（鶴岡監督がオレをほめた？　ちゃんと評価してくれていた？）

正捕手・四番打者になってからも非難され続けていたのに、人をほめない大監督・鶴岡一人が私をほめてくれたのだ。

どんなに嬉しかったことか。私もそこそこの選手になったと考えていいのだろう。私は有頂天になった。こうなると対戦投手がみな格下に見えてくるから、自信とは不思議なものだ。私はあのひとことだけでその後、選手を続けていられたようなものである。

「ほめて育てる」――人は誰しも、周囲に認められたがっている。会社員がみな上司の言葉や評価を気にするように、選手もみな監督の言葉を気にしている。自分を好いているのか、評価しているのか、信頼してくれているのか。

人は、仕事に慣れてきた20代後半の頃の上司の仕事ぶりが、その後の自分のやり方の手本になることが多い。

当然、私も鶴岡さんの影響を色濃く受けている。私は、自分が監督になったとき、野球技術が下の順番から「無視」「賞賛」「非難」で選手に接することにした。


「無視」――箸にも棒にもかからない選手。

「賞賛」――二流はほめて育てる。発展途上時は、ほめられることで意欲が上がる。

「非難」――一人前の選手をほめると勘違いしやすいので、非難して高みをめざさせる。

私は「監督の仕事、選手の育成とは、いかに自信をつけさせるか」に尽きると思う。ほめるのが一つの手段であるし、しかも「タイミング」が大切だ。

そして、監督が使う言葉は、自分の意思を選手に伝達するための「大事な道具」「武器」なのだ。自分の華やかな現役時代など、若手選手は知りもしない。体に染み込んだ野球理論も、響く言葉で表現できなければ指導に生かせない。

「名選手必ずしも名監督にあらず」とは、このへんに大きな理由があるのだと思う。本能や才能だけでプレーしてきた名選手が監督になることは多いが、彼らはたいてい自分の考えを選手に伝える術を知らないのだ。

「ほめる」と「叱る」は同義語。野村再生工場の最高傑作・投打の２人

そして、「ほめる」と「叱る」は同義語だ。選手に厳しく当たってしまったときに、叱ったのか怒ったのか、愛情からだったのか腹立ちまぎれからだったのか、私はあとでよく反省したものだ。根底に「愛情」がありさえすれば、人間、心の奥底で通じるものがある。

育成には、「ほめて育てる」方法と、「叱って反骨精神を引き出す」方法がある。人によっ

ても違うから、性格を見極めないといけない。

例をあげれば、前者に当てはまったのが小早川毅彦（広島から移籍）、後者が田畑一也（ダイエーから移籍）だった。

小早川はPL学園高から法大に進み、大学1年の春、いきなり四番打者に座り、史上最年少のベストナイン（一塁手）。プロ入り1年目には広島で新人王。87年に江川卓（巨人）から痛烈な本塁打を放ち、「江川に引退を決意させた男」として名をあげた。しかし、35歳で戦力外通告。

私は小早川に対するほめ言葉を呪文のように唱え続けた。

「お前には実力があるんだ。しかも1年目は結果がいいものだ。自信を持て」

小早川は、その年の開幕巨人戦で驚異の「開幕戦4年連続完封勝利」を狙う斎藤雅樹から「1試合3本塁打」を放った。

一方の田畑は、91年オフのドラフト会議で12球団シンガリとなる10位指名でダイエー入団。なんだかんだ言っても、一軍投手枠12人はドラフト1位や2位がほとんどだ。田畑は4年間計2勝で、河野亮らと2対2の交換トレードでヤクルトに移籍してきた。

試合前、いつも伊藤智仁と組んでキャッチボールをしていたが、私が「史上最高級」と評価する伊藤に勝るとも劣らない切れのあるストレートを投げていた。

「スピードがなかったら、もっとコントロールを磨いて、緩急を使え。でも、まあ、しょせん４年間で２勝。ファームの四番打者と交換した投手だから無理かな」

田畑の負けん気を周囲から聞いていたので敢えて叱咤する言葉を用いた。96年12勝、97年15勝を挙げた田畑は言った。

「野村監督は僕の負けん気を引き出してくれました」

小早川と田畑、「野村再生工場」の投打の最高傑作の活躍が97年に重なり、「野村・ヤクルト」は「長嶋・巨人」からセ・リーグ優勝のペナントを奪回したのである。

「ほめる」と「けなす」。「言葉」とは「育成の道具」であることを身をもって実感したシーズンであった。

管理
タイプ

納得
タイプ

報酬
タイプ

情感
タイプ

実績
タイプ

第2章 | 南海時代

#05

三原 脩

三原魔術の「種あかし」。「宮本武蔵の五輪書」さながらの選手起用と人心掌握

みはら・おさむ

1911年生まれ/168センチ64キロ/右投げ右打ち/二塁手

選手時代	試合	108	香川・丸亀中 ▶ 高松中 ▶ 早大 ▶ 大日本東京野球倶楽部 ▶ 巨人(34〜38年=現役5年)
	安打	92	
	本塁打	0	
	打率	.226	
	打点	40	
	盗塁	27	
監督時代	年数	26年	巨人(47〜49年) 西鉄(51〜59年) 大洋(60〜67年) 近鉄(68〜70年) ヤクルト(71〜73年)
	勝敗	3248試合1687勝1453敗	
	勝率	.537	
	優勝	リーグ優勝6度(日本一4度)	

プロ野球史上、最多采配。3球団でリーグ制覇、セ・パ両リーグ日本一

いつも「三原・水原」の順番で呼ばれ、「水原・三原」とは呼ばれないので、ともすれば三原さんのほうが年上なのかと思われるが、実は水原さんのほうが3学年ほど上だ。

読売新聞が1934年（昭和9年）にベーブ・ルースを中心とした全米軍を招いたとき、全日本軍として「大日本東京野球倶楽部」（のちの巨人軍）が結成された。

だから、昔から巨人が人気と実力を兼備する選手の集まるタレント軍団であり、強いのは当然なのだ。三原さんはその巨人の契約第1号選手であり、水原さんより早く巨人監督を務めたので先に呼ばれるのではないか。三原監督は明治生まれ最後のプロ野球監督だった（明治44年生まれ）。

監督として「セ・パ両リーグで日本シリーズ制覇経験」（三原脩＝西鉄・大洋、他に水原茂＝巨人・東映、広岡達朗＝ヤクルト・西武）、「3球団でのリーグ優勝経験」（三原脩＝巨人・西鉄・大洋、他に西本幸雄＝大毎・阪急・近鉄、星野仙一＝中日・阪神・楽天）がある。

さらに三原さんは監督として最多の3248試合で采配を振るっている。紛れもない名監督である。

三原さんは文武両道の香川・高松中で甲子園に出場。早大では1年時から二塁手として活躍。31年早慶戦で投手・水原茂のときホームスチールを敢行。戦史に名を残す名場面だったそうだ。早慶戦でホームスチールなど、この当時から「策士」の片鱗が垣間見える。同じ高松出身の「三原、水原（高松商）」のライバル物語のページが開かれた場面である。

プロ入りは34年で契約選手第1号。ある試合で判定を不服とし、当時の藤本定義監督（巨人）と一緒に審判室で抗議。そのときバットを持っていたため出場停止処分をくだされた。

三原さんが巨人監督時代の49年、守備妨害を審判に抗議したが認められず、抗議の原因になった筒井敬三選手（南海）の頭を殴打した（「三原ポカリ事件」）。ここでも出場停止処分を受けている。私は54年に南海入りし、筒井さんは私の先輩になったのだが、筒井さんはほどなく移籍（56年高橋ユニオンズ）したので、その話はくわしく聞いていない。

ともかく三原さんは策士である一方、チームのためとなると熱くなってしまう性格だったようだ。

その49年、私は中学2年生だったのだが、三原さんは監督3年目にして巨人を優勝に導いている。家計を助けるために新聞配達をしていた私は、新聞の運動面を読みながら遠い東の空の下の巨人優勝に思いを馳せたものだ。

しかし、その49年シーズン終了後、「総監督・三原、監督・水原茂」の驚きの人事を私は新聞で発見する。当時はよく理解できなかったが、「総監督」とは名ばかりで、監督の実権はスター選手だった水原さんが握ることになり、巨人を追い出される格好で三原さんはチームを去った。

追い出された巨人に復讐を果たした「巌流島の対決」

三原さんは九州にくだり、西鉄を強力チームに作り上げ、「打倒巨人」「巨人への復讐」をめざす。私がプロ入り1年目の54年、三原さんは西鉄監督4年目にして、パ・リーグ初優勝を果たすのである。

56年からは「鉄腕エース」稲尾和久、強力クリーンアップの豊田泰光・中西太・大下弘を擁し、東上して巨人とあいまみえる。

三原－水原の対決は、日本シリーズ前から「宮本武蔵－佐々木小次郎の巌流島の対決」になぞらえられ、喧伝された。「巌流島の対決」は、故・吉川英治氏の新聞小説『宮本武蔵』（35〜39年朝日新聞）でも有名になった。

「一対一の真剣勝負」と言えば、やはりこの対決が真っ先に頭に浮かぶ。「二刀流の達人」

宮本武蔵と、「秘剣燕返し」の佐々木小次郎。「策士」三原は、もちろん宮本武蔵側である。

58年の巨人は、ゴールデンルーキー・長嶋茂雄が入団して第1戦から3連勝。日本シリーズで巨人は56年に2勝4敗、57年に0勝4敗1分と西鉄の後塵を拝し、「今年こそは」と、三度目の正直をもくろんでいた。

「まだ首の皮一枚でつながっている」

絶体絶命の窮地で三原さんが発した言葉がこれだ。

第4戦が行われる日の未明、降雨に気づいた三原監督は、試合をなかば強引に中止させてしまった。この日、エース・稲尾和久が休養を取れたため、第4戦から4連投、奇跡の逆日本一につなげるのである。

また、第6戦では先発メンバーを当日変更した。当時の日本シリーズは前日に先発メンバーを発表することになっており、水原監督が抗議。井上登コミッショナーを挟んで、両者が対峙した。

試合開始時刻が遅れ、巨人の先発投手・藤田元司さんは待たされる。そして初回、中西太さんが先制2ラン。これが決勝点になったのだ。

宮本武蔵は果たし合いに「遅刻」してきて、佐々木小次郎を焦《じ》らし、動揺を誘ったそうだ。

策士・三原さんは無意識だったろうが、まさに宮本武蔵を地で行った。

結局58年日本シリーズは西鉄の3連敗4連勝、奇跡の逆転日本一。3年連続で西鉄は巨人をくだし、三原さんは巨人の野望をくじく。

「お前らの活躍があってこそオレがある」のスタンス

巨人の監督の座を追われ、新天地の九州で西鉄を常勝軍団に鍛え上げた三原采配は、「野武士軍団」と呼ばれた個性豊かな選手たちをこれでもかとばかりにほめ上げ、選手たちに気持ちよく、のびのびとプレーさせるものであった。豊田泰光、中西太、大下弘、稲尾和久らが活躍してダグアウトに戻ってくると、抱きつかんばかりの笑顔で迎えた。

56年、ペナントレースで本塁打王・打点王の二冠をほぼ手中にし、三冠王をめざしていた中西さん、そして首位打者を狙っていた豊田さん、2人とも最終戦を休ませた。

中西さんが逆転で首位打者を獲り、三冠王を獲得する可能性も残されていたが、純真な豊田さんがタイトルを逃したときの影響を考え、中西さんにあきらめさせた。意気に感じた豊田さんは巨人との日本シリーズで打ちまくり、ＭＶＰを獲得。三原・西鉄は初めて「日本一の美酒に酔う」のである。

一方で、他チームの選手はこきおろした。私はプロ４年目の57年に本塁打王を獲得し、捕手レギュラーの座を奪取したのだが、私が球場内ですれ違って三原さんにあいさつをしても完全無視。

「天下の大監督が、一選手に対して大人げない」

私は立腹するというよりガッカリしたものだ。今思えば三原さんは、打者としての私を認めてくれていたということだろうが、当時はいい気分はしなかった。そういう陽動作戦も駆使した。

私より2歳下の稲尾は、西鉄の地元九州、大分・別府緑が丘高の出身。漁師の父親を手伝い、船の櫓《ろ》を漕ぐうちに足腰が鍛えられ、絶妙なコントロールを支える土台となった。ストレートの外角低目への正確無比な制球、１５０キロ近いスピードボール、シュートとスライダーのコンビネーション。どれを取っても超一級品であった。

私のプロ野球人生の中で最高の投手は、打者として対戦した敵では稲尾、捕手として投球を受けた味方では杉浦忠（南海）が双璧である。

「中洲に席を取ってあるから遊んで来い」

稲尾には料亭まで予約してやっていたそうだ。

野村克也の選ぶ大投手の比較対照
・57 年　**稲尾和久**（西鉄）68 試合 35 勝 6 敗、防 1.37、回 373、四 76、与四球率 1.83
・61 年　**稲尾和久**（西鉄）78 試合 42 勝 14 敗、防 1.69、回 404、四 72、与四球率 1.60
・59 年　**杉浦 忠**（南海）69 試合 38 勝 4 敗、防 1.40、回 371、四 35、与四球率 0.85
・13 年　**田中将大**（楽天）28 試合 24 勝 0 敗 1S、防 1.27、回 212、四 32、与四球率 1.36
稲尾の日本シリーズ対巨人戦
・56 年 6 試合 3 勝 0 敗　西鉄 4 勝 2 敗
・57 年 2 試合 2 勝 0 敗　西鉄 4 勝 0 敗 1 分
・58 年 6 試合 4 勝 2 敗　西鉄 4 勝 3 敗
・63 年 4 試合 2 勝 2 敗　西鉄 3 勝 4 敗

三原さんは「神様、仏様、稲尾様」と呼ばれた稲尾あってこその西鉄、ひいては打倒巨人が成し得ることを百も承知だった。

とはいえ、稲尾や豊田さん、中西さんにしても、次のように口をそろえる。

「他チームの選手に対してあいさつも返さないのに、自分たちは可愛がってくれる。お前らの活躍があってこそオレがあるという雰囲気。そこまで自分に気を遣ってくれているのか」

そんな接し方をされれば悪い気はしない。「監督のためにひと肌脱ごう」と思うのも自然な成り行きではないか。

それにしても「鉄腕」のニックネー

ムを得た稲尾がどれだけ凄い投手だったか。「20連勝をマークした57年」と「78試合登板年間最多42勝をあげた61年」、杉浦は「日本シリーズ４連投４連勝で巨人をくだした59年」、そして最近では「神っていた13年」田中将大（楽天）のシーズン成績を比較するために表にあげてみた。どれも凄い内容である。

６年連続最下位・大洋を１年目で日本一に導き「菊池寛賞」

西鉄で水原・巨人を叩きのめした三原さんは、再び東上する。60年、巨人と同じセ・リーグの大洋監督に就任するのだ。大洋は54年から59年まで６年連続最下位だった。

大洋は60年ペナントレースも開幕６連敗と最悪のスタートだったが、徐々に「三原魔術」が機能し始める。三原さんは目先の勝ち負けよりも、１年間のペナントレースをみすえた中長期的な展望に重点を置いていた。

例えば、権藤正利。プロ１年目の53年に15勝12敗で新人王。その後、スタミナ不足が露呈して55～57年まで、実にプロ野球記録の28連敗を喫した。58年３勝11敗、59年０勝１敗だった権藤をリリーフに配置転換すると、49試合で12勝５敗。

また、トレードで近鉄から鈴木武を獲得し、遊撃レギュラーにすえた。そして、それまで遊撃を務めた麻生実男を代打の切り札に仕立て上げるといった具合。「適材適所」という言葉があるが、選手は自分の働き場所を奪われれば不平不満を言うのが常だが、活躍できる働き場所を与えてやれば、逆に発奮、監督に感謝するものである。

接戦をモノにし、「1点差試合」は実に33勝17敗（上位の巨人から10勝、中日9勝、阪神7勝）。60年はシーズン70勝だったのだから、その約半分が1点差試合。接戦は、負ければ疲労が蓄積するが、勝てば全て吹き飛ぶものだ。

日本シリーズは「ミサイル打線」と恐れられた西本幸雄監督の大毎を相手に、これまたすべて1点差の4勝0敗ストレート勝ち。「前年度最下位からの日本一」は史上初の快挙で、「名監督」の称号を獲得した。

この功績が認められ、三原さんはプロ野球界で初めて「菊池寛賞」を受賞する。作家・菊池寛の名前を冠したもので、もともとは世の先輩作家たち（46歳以上）の功績を讃える目的で制定されたものだったらしいが、その後、受賞対象は文芸以外の分野にも広げられた。ちなみに三原さんは49歳だった。

秘策・奇策・二刀流・五輪書

三原さんは西鉄時代、「あて馬」作戦を使った。相手先発投手の予測がつかないとき、「試合に出場しない野手を、最初から交代を視野に入れておいて先発に起用する」ものだ。

また、三原さんは「ワンポイントリリーフ」のとき、投手を一時的に外野で守らせておく手法を編み出した。

私はそれをヒントに、阪神監督のとき「葛西稔（右下手投げ）－遠山奬志（左投げ）」の継投をやらせてもらった（相手打者の左右によって交互に投手と野手を入れ替えた）。

また、近鉄では永淵洋三、ヤクルトでは外山義明を「投打二刀流」で起用した。永淵はその後、打撃一本で勝負し、首位打者に輝いている。ちなみに、この永淵は、野球漫画『あぶさん』の主人公・景浦安武のモデルとも言われる酒豪だった。

前述の宮本武蔵は、自らの兵法の極意として『五輪書』を記した。「地の巻」「水の巻」「火の巻」「風の巻」「空の巻」から成る（「オリンピック」のことをよく「五輪」と書くが、この五輪書から取ったものらしい）。

その『五輪書』ではないが、三原さんは「こういうときは、こうする」という経験値に基づく「選手の人心掌握術」「采配や選手起用の引き出し」があり、打つ手、打つ手が当たった。

手品や魔術には必ず「種」があるものだが、三原魔術の種は「人心掌握術」と「選手起用法」で、それは三原さん独自の「五輪書」の中にあったと言っていいのではないか。

三原—中西—若松—イチロー—岩村—山田哲と続く「強打者」の系譜

三原さんはヤクルト監督就任の71年に、最下位ながら勝率を・419まで引き上げた。前年は・264と、ドラフト制導入65年以降、最低勝率を記録した最弱チームにもかかわらずである。

一般企業が「利益3割」をめざす中、野球は勝率6割でほぼ優勝できる。つまり「利益2割」でいい。そういう意味では野球は「番狂わせ」が多いスポーツで、選手層が厚いチームと選手層が薄いチームの実力が拮抗するものだ。

そんな中、壊滅状態のチームの成績を大きく底上げした手腕は光る。翌72年は勝率・472の4位だ。

参考までに05年「100敗するのではないか」と揶揄された創設1年目の楽天は38勝97敗

1分の勝率・281。私が監督に就任した06年も最下位・356、07年4位・472と順を追っての上昇だった。それだけに三原魔術の「速効性」がわかるというものだ。

ヤクルト監督時代の三原さんは、身長168センチの新人・若松勉に目をつけ、娘婿の中西太さんとともに英才教育を施し、「小さな大打者」に育て上げた。若松は2年目に早や首位打者を獲得している。

思えば、私より2歳上の中西さんが4年連続本塁打王に輝いたのはプロ2年目の53年から56年のこと。57年にプロ4年目の私が初めて本塁打王を奪取。58年はまた中西さん、59年・60年は私より3歳上の山内一弘さん（大毎）、61年から私が8年連続本塁打王。

パ・リーグのチャンピオンフラッグも、本塁打王のタイトルに連動するかのように58年西鉄、59年南海、60年大毎、61年南海と移った。

中西さんの打ち方は、ミートの瞬間、重心を「後ろ側の足」から「前側の足」に移す「体重移動」打法。打ち終えたとき、「後ろ側の足」を「前側の足」に寄せてくっ付けるような格好になる。テニスの打ち方に似ている。「後ろ側の足」を軸として回転させて打つ「軸回転打法」ではない。

さらに中西さんの打撃術は一風変わっている。

私は打者のタイプとして「ストレートを待っていて、変化球に対応する」打ち方を「A型」（理想型）と分類している。つまり多くの打者は、「内角高目の一番速いストレートに振り遅れないようにしておいて、変化球が来たらそれに対応する」ことを目指しているのである。

しかし、中西さんは違う。

「外角低目の遅い変化球を予想しておいて、内角高目に速いストレートが来たら、腰の回転ではじき返せ」

それを聞いた野球記者が若松に「中西・若松打法」に対して異を唱えたらしい。

「速球に振り遅れないように、内角高目の一番速いストレートをマークしているのに、外角の変化球にタイミングを合わせておいたら、絶対に振り遅れます。そんなこと不可能です」

「考え方が逆なんだよ。内角高目ストレートに照準を置くと、外角変化球が来たとき、体勢を崩され泳いでしまう。外角変化球に照準を置いておくと、最後まで体が前に突っ込まない。慣れると次第に内角高目ストレートに対し、体が素早く反応できるようになる。そうすれば打率3割を打てるようになる。いや、そうしなければ3割は難しい」

中西さんはオリックスの打撃コーチを務めた。そのオリックスにはイチロー（現・マリナーズ）がいた。

イチローも言う。

「自分は変化球にタイミングを合わせておいて、ストレートについていく。それが理想だと考えている」

また、中西さんがヤクルト臨時コーチ時代に岩村明憲、杉村繁打撃コーチにその打法を教え、杉村は山田哲人に伝授した。

中西さんは「打率３割、30本塁打、30盗塁」もマーク。安定性と長打力と機動力を兼備した強打者だった。

中西さんのタイトル獲得回数は首位打者２度、本塁打王５度、打点王３度。若松は首位打者２度、通算２１７３安打。イチローは日米通算４０００安打。岩村は04年44本塁打、日米通算１５８５安打。山田は２年連続「トリプル・スリー」（打率３割・30本塁打・30盗塁）。

つまり、三原さんから、中西－若松－イチロー－岩村－山田と受け継がれた「強打者の系譜」なのである。

監督には「3つの敵」が存在する

三原さんは、巨人・西鉄・大洋の3球団をいずれも日本一にした名監督である。その三原さんの気になる言葉がある。

「監督には3つの敵がいる。それは『選手』『オーナー』『ファン』だ」

(1)『選手』

当たり前の話だが、使うほうと使われるほう、立場が180度違う。野球は9ポジション。自分が出場して好結果が出せていれば満足だが、そうでなければ不平不満が出てくる。

(2)『オーナー』

オーナー(もしくは球団社長)にも3種類ある。「金も出すが、口も出す」「金は出さないが、口も出さない」「金は出さないが、口は出す」。3番目の「金は出さないが、口は出す」が当然一番困る。

アメリカでは地方自治体が中心になって税金で地元チームのために球場を作るから、地元ファンにとって愛着もわくというものだ。オーナーも言わば名誉職である。

日本でも地名を球団名の前に付けて「地域密着」と簡単に言うが、アメリカとは意味合いがまったく違うのである。

日本のプロ野球は企業名がユニフォームに入っている。「親会社の広告塔」を演じることで資金援助を得られるのだから、オーナー（もしくは球団社長）が選手起用に口を出してくる。

「球団」はあくまでも「親会社あっての子会社」であり、「親会社の役員」が「子会社の社長」を兼務することが多い。極端な話、左遷というケースもある。しかし、子会社の社長として子会社の収益を上げるか、子会社の経費を削減すれば、親会社に返り咲ける目も出てくる。

優勝するには戦力を補強しなくてはならない。そのためには莫大な「補強費」が必要になる。だが、優勝したらしたで、今度は「人件費（選手の年俸）」を上げなくてはならない。

いずれにせよ、チームが強くなるためには子会社は減益となることが多い。

日本の某球団社長ははっきりとこう言った。

「君らは野球バカか。カネが出ていくばかりだから、優勝なんてしなくてもいいんだよ」

だからオーナー（球団社長）は監督の敵というわけだ。
三原さん自身も74年から日本ハムの球団社長を務めている。

（3）『ファン』
ファンには、「勝てば官軍、負ければ賊軍」の意識がある。チームの勝敗は、最終的には指揮を執る監督の責任だと考える。ファンの声が、勇気づけられるエネルギーになるのか、罵声になるのかは紙一重なのだ。

三原さんは敵として「3つ」を挙げたが、私はそこに「マスコミ」を付け加えたい。よきにつけあしきにつけ書かれるのは仕方ない。南海監督時代、閑古鳥が鳴く大阪球場に注目を集めたくてマスコミを味方につけようとした。しかし阪神監督時代、関西マスコミは、ミスした選手を責めるべきところを私の批判ばかりした。負けたときはこれでもかとばかりに叩かれた。敵でしかなかった……。マスコミとの接し方は、監督にとって重要だ。

管理
タイプ

納得
タイプ

報酬
タイプ

情感
タイプ

実績
タイプ

第2章 | 南海時代

#06

水原 茂

血も涙もない勝負師。勝つためにはどうしたらいいか。一本芯が通っていた「背番号30」

みずはら・しげる
1909年生まれ／170センチ64キロ／右投げ右打ち／三塁手

選手時代	試合	523	香川・高松商 ▶ 慶大 ▶ 奉天実業団 ▶ 巨人(36〜42年、50年 = 現役8年)
	安打	476	
	本塁打	12	
	打率	.243	
	打点	184	
	盗塁	69	
監督時代	年数	21年	巨人(50〜60年) 東映(61〜67年) 中日(69〜71年)
	勝敗	2782試合1586勝1123敗	
	勝率	.585	
	優勝	リーグ優勝9度(日本一5度)	

甲子園全国制覇2度、慶大の花形選手、巨人で主将

水原茂さんは香川・高松商の投手・三塁手。1925年と27年、2度も夏の甲子園で優勝して全国に名をはせた。

慶大でも三塁手と投手、打ってよし守ってよしの神宮の花形プレイヤーだったそうだ。31年と34年の大リーグ選抜チームの来日時に全日本メンバーに選出された。

1リーグ時代、巨人でプレーしたのは36年秋から42年まで。38年秋には投手として8勝をあげ、優勝。42年はシーズン途中で出征したにもかかわらず、主将としてチームをまとめた功績を認められ、最高殊勲選手（MVP）に選ばれている。

42年を最後に応召して、シベリア抑留を経験。戦争に選手としての活躍の時間を奪われたのは残念だったろう。

「水原茂、ただいま帰ってまいりました」

49年に帰国、東京駅に到着したその足で後楽園球場に出向き、それだけの言葉で野球ファンを喜ばせたのだから、水原さんがいかにスター選手だったか想像できる。

高松中から早大へと進んだ三原脩さんと、高松商から慶大に進んだ水原さんは「終生のラ

イバル」と呼ばれていたが、三原さんは、水原さんをなぜか試合に起用しなかった。

そこで「水原派」がクーデターを起こし、三原さんを総監督に担ぎ上げ、事実上の指揮権を奪ったらしいのだ。49年に優勝している三原さんから指揮権を奪うことに、水原さん本人は反対だったそうだ。

５年連続セ界を制した「巨人の第２期黄金時代」

選手兼任監督だった50年は3位に終わるが、専任監督になった51年から3年連続日本一。私が高校1年生から3年生までの間、すべて日本一になった「水原・巨人」に、私は憧憬の念を抱いたものだ。水原さんもすでにこの時点で「名将」の称号をほしいままにする。

51年は左腕・松田清が19連勝。これは57年に稲尾和久（西鉄）に破られるまでの日本記録だった。1リーグ時代、藤本定義監督を中心に13年間で8度の優勝を果たした時期を「巨人の第1期黄金時代」と呼ぶならば、この3年連続日本一は「第2期黄金時代」と呼べる。

「水原・巨人」は、私がプロ入りした54年こそ2位だったが、また55年から実にセ・リーグ5連覇を遂げる。

日本シリーズでは55年に南海をくだして日本一。プロ2年目の私は一軍出場していない。

水原 vs. 野村、7 年間の戦績

	61 年	62 年	63 年	64 年	65 年	66 年	67 年
東映	2 位	1 位	3 位	3 位	2 位	3 位	3 位
南海	1 位	2 位	2 位	1 位	1 位	1 位	4 位

56年から「水原・巨人」は「三原・西鉄」に3年連続して敗れる。59年は南海が杉浦忠と私のバッテリーで4連勝させてもらった。私としても憧れの「水原・巨人」を破って、初の日本一を経験した。感慨深いものがあった。

2年目で東映日本一。7年間南海と優勝を争う

水原さんは翌60年に同じセ・リーグで「宿敵・三原」さんが率いる大洋に敗れると、61年からはパ・リーグの東映に移ってきた。

パ・リーグ2年目の62年、日本シリーズで当時阪神監督を務めていた藤本定義さん（元巨人監督）を破り日本一に輝く。62年は、浪商高2年生の尾崎行雄を中退させて獲得、尾崎は20勝9敗だった。

私は「憧れ」の水原さんと7年間パ・リーグの覇権を争った。

巨人時代は川上哲治、千葉茂、青田昇の打撃陣、別所毅彦、藤本英雄ら完投投手をそろえていたから、「あの豪華メンバーなら誰でも優勝できる」という見方があった。

しかし、人は実力があればあるほど自らを主張するものだ。あの個性豊かなベテラン選手たちをまとめていくには監督として相当な求心力が必要だっただろう。だから水原さんは厳しかった。

東映ではそれまでBクラスに低迷していたチームを鍛え上げ、采配と育成力をいかんなく見せつけた。セ・パ両リーグで日本一。

東映時代は、審判のジャッジを不服として悪態をついた主砲・大杉勝男にビンタを食らわせたことがある。選手への接し方や勝利に対する意識については、水原さんは一本芯が通っていた。何事も「納得」させて選手を統率していた。

私と同い年の東映エース・土橋正幸は水原監督をこう評していた。

「血も涙もない厳しい監督だったよ。オレは結婚式の仲人を水原さんにお願いしたんだ。でも、シーズン中は会話もなかったし、一度もほめられたことがなかった。しかし、いつも勝つためにはどうしたらいいかを考えていた。勝負師だったよ」

星野仙一に教えた「プロはやられたらやり返せ」

69年からは再びセ・リーグに舞い戻り、今度は中日の監督を務めた。69年は星野仙一がドラフト1位で入団した年だ。

「きょうは巨人に打たれましたが、明日も投げさせてください。必ず勝ってみせます」

コーチ陣は反対したそうだ。

「センが投げたいと言っている。投げさせてやれ」

星野は再び巨人打線の餌食となったのだが、水原さんは星野を激励した。

「よく投げた。この悔しさを忘れるな。プロはやられたらやり返すんだ」

血も涙もないと言われた厳しさの一方で、上を向く選手には温情も愛情もあった。その選手が育てば、本人のためになる。ひいてはチームのためにもなる。

71年限りで中日監督のユニフォームを脱いだが、最終戦の相手は奇しくもこの年から三原さんが監督に就任したヤクルトだった。水原さんは、三原さんから勝利を収めた。ここで40年余に及ぶ長いライバルストーリーは幕を閉じたのである。

「ブロックサイン」をメジャーから輸入

さて、慶應ボーイの水原さんは、ダンディだった。ユニフォームにもアイロンをかけていたそうだ。私服では背広が似合い、英国製のソフト帽をかぶっていた。夫人は映画女優の松井潤子さん。

大学時代、学生新聞「慶應スポーツ」の題字は水原さんによるものだし、東映や中日のユニフォームは水原さんが考案した（さすがに東映のユニフォームは巨人のものに、中日のユニフォームはドジャース〈Ｄｏｄｇｅｒｓ〉に似ていたが……）。

三原さんが背番号を「50」「60」「70」「80」と変えていったのに対し、水原さんは50年から66年、そして監督最終年の71年にわざわざ「30」を背負った。実に18年間。水原さん自身、背番号「30」に愛着があったということだ。

そして背番号「30」は、前でも触れたが監督という存在の代名詞になった。アマチュア野球での監督の背番号「30」は伝統だ。

また、１度だけの「フラッシュサイン」ではなく、触る場所を何度か組み合わせる「ブロックサイン」は、水原さんが米大リーグから導入したものだ。

フラッシュサインはいずれ見破られる。勝負の最高の結果である「勝利」を得るためにはどうすればいいか。進取の気性にも富んでいた。

それらの集大成が優勝回数９度。歴代監督の中で３位タイ。通算勝率も高い。いずれにせよ、通算21年間の監督生活でＡクラス19回、Ｂクラス２回というのは凄い。

私が憧れた水原監督は、紛れもない名将だった。

管理
タイプ
納得
タイプ
報酬
タイプ
情感
タイプ
実績
タイプ

第3章 | ヤクルト時代

#07

長嶋茂雄

「ミスター・プロ野球」。監督としてもドラマチックに「野球の魅力」を日本に広めた

ながしま・しげお
1936年生まれ／178センチ76キロ／右投げ右打ち／三塁手

選手時代	試合	2186	千葉・佐倉一高 ▶ 立大 ▶ 巨人（58〜74年＝現役17年）
	安打	2471	
	本塁打	444	
	打率	.305	
	打点	1522	
	盗塁	190	
監督時代	年数	15年	巨人（75〜80年、93〜01年）
	勝敗	1982試合1034勝889敗	
	勝率	.538	
	優勝	リーグ優勝5度（日本一2度）	

長嶋と私の「プライベート」旅行

ONの存在あってこそ、日本プロ野球の発展と隆盛がある。

私は、現役時代は王貞治、監督時代は長嶋茂雄をライバル視していた。

私と長嶋を「仲がわるい」と思っている人も多いだろうが、それは誤解だ。昭和40年代は、航空会社エールフランスから両リーグの功績をあげた選手と優勝監督の計4名にヨーロッパ旅行招待のご褒美があった。

セ・リーグから長嶋茂雄（巨人）・王貞治（巨人）、パ・リーグから私、野村克也（南海）・稲尾和久（西鉄）の4人が一緒だったことがある。私が言うのもなんだが、そうそうたるメンバーだった。ローマ（イタリア）、チューリッヒ（スイス）、パリ（フランス）、ハンブルク（ドイツ）という観光経路。

「旅の恥はかき捨て」と言うが、異国の地で解放感に浸り、みんな素の性格が露呈する。

私と長嶋が同学年、稲尾が私たちより2歳下、王が5歳下。同年代の青年のプライベートに近い長旅。それは楽しかった。

「一事が万事」ではないが、旅路をともにした経験から性格分析をすると、長嶋はせっかちで欲しがり。現役時代の「打者としてのタイプ」を考えてみても、「来た球を打つ」典型的なA型の天才だった。ちなみに不器用な私はD型だ。

長嶋は監督に就任してからの戦力補強にしても同様だった。94年落合博満（ロッテ・三冠王→中日→巨人）、95年広沢克己（ヤクルト・打点王→巨人）、97年清原和博（西武・新人王→巨人）、97年石井浩郎（近鉄・打点王→巨人）。

長嶋は、強打者でさえあれば同じ一塁手でポジションが重なろうと次から次へと獲得した。

監督には２種類あって、「上から与えられた戦力の中で采配を振るう」タイプと、「戦力が足りなければ、上に要求して戦力補強をする」タイプに大別される。言わずもがな前者が私で、後者が長嶋だ。

「家計が潤沢な」巨人育ちの長嶋と違い、私は弱いチームの「台所」をやりくりしてきた。魚を新鮮な刺身で食べられなければ、煮るなり焼くなり、料理法を考えた。

私の考えは「適材適所は才能に勝る」である。だから、適材適所に配置して（コンバート）、それでもダメなら交換する（トレード）。それが「野村再生工場」と言われたゆえんだ。

最近の流行の言葉で言うなら、大変失礼ながら長嶋は「忖度《そんたく》」するタイプではない。とはいえ、何度も言うように私は同い年のチョーさんの存在があってこそ、監督として反骨心が生まれ、頑張れた。ただ、性格的には親友にはなれないかもしれない（苦笑）。

弘法筆を選ばず、長嶋茂雄バットを選ばず

南海で私より4学年先輩の故・大沢啓二さんは、少し前『サンデーモーニング』の御意見番として、張本勲と一緒に「喝！」とか「あっぱれ！」と叫んでいた。タレント「劇団ひとり」夫人の大沢あかねさんが孫娘だ。

その大沢さんが57年のある日、南海ナインを前にこう言った。

「来年から私の後輩、立教大学のエースと四番、杉浦忠と長嶋茂雄が南海に来る。みんなよろしく頼む」

名実ともに絶頂期であった「東京六大学野球」。長嶋は8本塁打の新記録を引っ提げどこのチームに入団するのか、その争奪戦は熾烈であり、プロの選手間でも大きな話題になっていた。

彼らと同い年の私は、大沢さんの話を聞いてショックを受けていた。

（高校出、プロ4年目（57年）にしてせっかくつかみつつあった四番打者の座を、スター選手の長嶋に簡単に明け渡してしまうのか）

予想に反して長嶋は巨人入りするのだが、その実力は紛れもない本物で、いきなり本塁打と打点の２冠王に輝く。

翌59年６月25日、天覧試合。長嶋は「伝統の巨人―阪神戦」でルーキー・村山実から劇的なサヨナラ本塁打。プロ野球の天覧試合は、いまだにこの１試合だけ。そこで結果をしっかり出すのだから、長嶋はそういう強運の星の下に生まれているのだろう。

それまでどちらかというと軽んじられていたプロ野球は、以降、長嶋の活躍とともに常に注目を浴びることになる。人々は日本経済の発展を長嶋の活躍に重ね合わせた。

そして74年まで現役17年、「我が巨人軍は永久に不滅です」の名セリフを残して引退するまで首位打者６度、本塁打王２度、打点王５度、ＭＶＰ５度で「ミスター・プロ野球」として君臨するのである。

私は現役時代、「ささやき戦術」で、各打者の集中力を乱す作戦をとった。たわいのない話から打撃のことまで、気にしそうな話を振ってみる。一番効果的な言葉は「打撃フォームがいつもと違うね」だ。

「安打製造機」の張本勲（日本ハムほか）は「うるさい！」と怒鳴ってきたし、75年首位打者の白仁天（日本ハムほか）は耳栓を詰めて打席に入ってきた。気にしている証拠だ。そん

長嶋プロ入り時の打撃成績比較

・**野村** 57年＝132試合　143安打　打率.302　30本塁打　94打点　7盗塁
・**野村** 58年＝120試合　114安打　打率.253　21本塁打　79打点　3盗塁
・**長嶋** 58年＝130試合　153安打　打率.305　29本塁打　92打点　37盗塁

な「ささやき」ひとことで打撃の調子を崩せたら、しめたものだ。

しかし、巨人打線にささやきは通用しなかった。それもあってか、南海は日本シリーズで59年・61年・65年・66年・73年に巨人と対戦したが、59年の「杉浦の4連投4連勝」以外、完全に敗れた（3勝すらできなかった）。

「ワンちゃん（王）。最近、銀座に行ってるの」

「ノムさんこそ、どうなんですか」

そんな具合に王ははぐらかし、付け入る隙を見せなかった。一方、

「チョーさん（長嶋）、最近の銀座の雰囲気はどうよ？」

「ノムさん（野村）、このピッチャー、どうなの？」

（そんなこと聞いてねぇよ。人の話を聞いてないんだな……）

「打撃フォームがいつもと違うよ」

「え、ホント？　ちょっと待ってね」

このときばかりは会話が成立し、打席をはずしてスイングを2度。直後に本塁打してダイヤモンドをゆうゆうと1周、本塁ベースを踏

んでひとこと。
「ノムさん、ありがと」
さすが天才だ。もうやってられない。

それ以外にも、長嶋を天才と呼べる理由はたくさんある。私は米国ルイスビル製、長さ34インチ、重さ920～930グラムのバットを使っていたのだが、長嶋は「弘法筆を選ばず」。昔はダグアウト横のバットケースに各選手のバットが全部突っ込んであった。その中から適当に誰かのバットを持って、打席に入って来る。間違いなく天才だ。

ファンの皆様も、長嶋と私に求めるものが違うのではないか。野球にハツラツさを求めるタイプのファンは長嶋を、野球の奥深さを突き詰めるタイプのファンは私を支持してくれているはずだ。「長嶋と私、両方のファン」という人はほとんど存在しないだろう。別の言い方をすれば、「東京のアンチ巨人」には「ヤクルトファン」が多い。

第1次政権。球団創設「41年目初の最下位」翌年に劇的V

長嶋は75年、巨人軍の第10代監督に就任した。

「『3番・3塁長嶋茂雄・背番号3』を足して9。監督だから0を付けて背番号90」が、息子・一茂のアイディアだったのは有名な話だ。

川上哲治前監督は長嶋にアドバイスしたそうだ。

「牧野茂ヘッドコーチ、藤田元司投手コーチにそのまま残ってもらい、現役を引退した捕手の森昌彦をコーチとして登用したらどうだ」

長嶋はそれをすべて断った。

しかし、川上哲治監督に四番・長嶋茂雄は存在したが、長嶋茂雄監督に四番・長嶋茂雄は存在しない。米大リーグ（当時は「メジャー・リーグ」ではなく「米大リーグ」と呼んだ）からデーブ・ジョンソン（のちのメッツ監督）を獲得したが、監督1年目の75年、巨人は球団創設41年目にして初の最下位に沈む。

75年、球団創立26年目にして広島が優勝。「戦力均衡」を目的としたドラフト制度で69年入団の山本浩二が主力に成長するなど、球界の勢力地図が変わりつつあった。

翌76年。堀内恒夫と並ぶ左のエース・高橋一三と、「長嶋の後釜」として我が南海から補強した富田勝を日本ハムに放出し、「安打製造機」張本勲を獲得。さらに太平洋クラブライオンズから獲得した加藤初が15勝。強肩・高田繁を左翼から三塁にコンバート。高田は「外野手から内野手にコンバート」された選手で初のゴールデングラブ賞に輝いた。

最下位からドラマチックに初優勝。いかにも長嶋らしくド派手であった。

翌77年も「セ界征服」に成功するが、日本シリーズでは「上田利治・阪急」に2年連続して敗れた。

巨人は78年秋のドラフト会議で「空白の一日」を利用して江川卓を強引に入団させようとするが、世論の大反対にあい、エース・小林繁を阪神に放出しての交換トレードとなる。79年、小林は対巨人戦８勝（０敗）を含む22勝、巨人は5位に沈んでいる。

その79年秋季伊東キャンプで長嶋は若手を鍛え上げた。江川卓、西本聖、角三男、鹿取義隆、山倉和博、中畑清、篠塚利夫、松本匡史……。

「地獄の伊東キャンプ」と呼ばれ、彼らの間では語り草になっているようだ。これは長嶋自らが立大時代に砂押邦信監督に、「月夜の千本ノック」で鍛えられたことに由来するのだろう。彼らが力を付け、80年は3位。

しかし、長嶋は解任される。その「長嶋遺産」で巨人は翌81年、そして83年と優勝を遂げる。81年は8年ぶり日本一だ。長嶋の無念さはいかばかりだったろうか。

私は81年から89年まで9年間解説者として臥薪嘗胆《がしんしょうたん》※4の思いで捲土重来《けんどちょうらい》のタイミング

を待ったが、まさに同時期、長嶋は81年から92年までの12年間、本人いわく「いわゆる一つの浪人時代」に突入するのである。

長嶋本人（新聞インタビュー）によれば、大洋・日本ハム・ヤクルト・西武・オリックスの5球団から監督要請があったらしい。

長嶋が松井を育て、松井が長嶋を男にした

長嶋第2次政権（93〜01年）は、松井秀喜（星稜高→巨人93〜02年）とともに幕をあけた。長嶋がドラフト会議で巨人・阪神・ダイエー・中日の4球団競合の中から松井を引き当てた。左手に「選択確定」の紙を持ち、右手の親指を立てたポーズは、ドラフト会議のたびにテレビのスポーツニュースで映し出される。

私はプロ入り当初、「プロ野球で通用しなくても、プロで野球を勉強して、いずれは京都の母校で高校野球の監督をしよう」と思っていた。だから、今でもテレビで甲子園大会の高校野球中継をよく観る。

松井は92年、高3夏の甲子園の明徳義塾高（高知）戦で「1試合5敬遠」。松井の最後の甲子園の大舞台は「20球に凝縮」されて幕を閉じたが、松井はバットを振らずとも大打者で

あることを日本全国に知らしめた。

前年の91年、首位打者を争っていた古田敦也にタイトルを獲らせたくて、落合博満（中日）に「１試合６与四球」（プロ野球記録）を指示したことを思い出した。

松井は93年から02年まで10年間巨人に在籍した。

落合博満が94年から96年、清原和博が97年から05年、左打者の高橋由伸が98年から15年まで巨人でプレーした。長嶋は次から次へと強打者を補強したが、松井にとっては、日本を代表するスラッガーとラインナップを組んで彼らから多くを吸収できたのは、大きなプラスになったはずだ。

松井は94年・96年・00年と長嶋に優勝をプレゼントして、メジャーに旅立った。

00年に「ＯＮミレニアム対決」を制し、現役時代から「ミスター・プロ野球」だった長嶋は、監督としてもドラマチックに「野球の魅力」を日本に広めた。長嶋自身、監督として最高の瞬間を味わったのではないか。

松井はメジャー行きの感想を問われ、「自分は裏切り者かもしれないが……」と語った。

※４　中国の故事成語で、復讐を実現するために苦労に耐えること。いつも薪（たきぎ）の上に寝て身を苦しめ、いつも苦い肝《きも》を嘗《な》めて報復の志を忘れまいとしたこと。出典『史記』。

「球界の宝である松井選手のアメリカへの流出を防ぐことができず、応援してくださるファンのかたに何とお詫びすればいいのか」

球団はあたかも不祥事でも起こしたかのようなコメントを発表した。

メジャー行きを批判するファンもいたのだろうが、球界や日本全体では、松井の成功を祈る声が大多数を占めていた。事実、02年、東京ドーム最終戦で49号（この年50本塁打）を打たれたヤクルトのエース・石川雅規は言っていた。

「もう十分、日本球界発展のために尽くしてくれたと思います。あとは自分の夢に挑戦してほしいです。僕は松井さんを心の底から応援しています」

松井がメジャーに行ってから、長嶋は電話越しにスイングの音を聞いて指導したという。

電話で音が聞こえるかどうかは別にして、スイングの音を聞く指導法は荒唐無稽なことではない。スイング音で打者の調子は確かにわかる。「ブーン」ではなく「ブンッ」と空気を切り裂くような短い音がいい。

スイング音の幅が短くなるほどロスが少なく、力がインパクトのポイントに集中している証なのだ。だから私も現役時代、鏡どころか照明すらないところでも音だけを聞いて練習（スイング）していた。

03年に海を渡った松井は、06年5月11日に前方の飛球を捕ろうとしてスライディングキャッチを試み、左手首を骨折。巨人時代の93年8月22日から続いていた連続試合出場記録は「１７６８」で途切れた。痛みをこらえて歪んだ表情で発したコメントに周囲は驚いた。

「チームに迷惑をかけて申し訳ない」

自分の一大事のときでさえ、チームのことを考えていた。

松井はリハビリに励んだ。９月12日に１２４日ぶりに先発出場、満員のスタンドからスタンディングオベーションで迎えられ、４打数４安打で完全復活をファンにアピールした。

09年ワールドシリーズではペドロ・マルティネス（フィリーズ）から本塁打を放つなど、ＭＶＰに輝いた。

大リーグを日本に迎えて結成された「大日本東京野球倶楽部」がコテンパンに叩きのめされた34年から実に75年。遂に日本人がワールドシリーズでＭＶＰを獲得するまでに至ったかと思うと、私はある種、感慨深いものがあった。しかし、ヤンキースは松井と契約を延長せず、松井はエンゼルスと契約を結ぶ。

翌10年、ヤンキースタジアムでの開幕戦の試合前、ワールドシリーズのチャンピオンリング授与式があった。松井は対戦チームのメンバーとしてヤンキースナインの授与式を傍観していたが、最後の最後、「HIDEKI MATSUI」がサプライズでコールされた。するとと、「ニューヨークの貴公子」と呼ばれるあの主将デレク・ジーターをはじめ、アレックス・ロドリゲスらヤンキースのスター軍団の面々が次々と松井をめがけて祝福に突進し、熱い抱擁をかわすではないか。

日本の野球ファンは、松井に「メジャーで本塁打王」を期待したが、松井はいつも「フォア・ザ・チーム」「チームの勝利」を口にした。自己主張が強い米国にあって、松井の言葉が口先だけではないことを、周囲は確信していたのだ。

あのシーンは日本人として嬉しかった。あれこそが「野球の持つ魅力」ではないか。

膝の故障、年齢による衰えもあり、ヤンキース退団後、かつての大選手がエンゼルス、アスレチックス、レイズと1年ごとに移籍。

メジャー・リーグの話題がリアルタイムで伝えられる時代になっても、松井の泣き言はこれっぽっちも日本に伝わってこなかった。

松井は日本で10年、メジャーで10年、日米通算20年でプレイヤーとしての野球人生を終えた。プレーを通して野球ファンはもちろん、観る者を元気づけ、勇気を授けてくれた。それは17年間プレーして「我が巨人軍は永久に不滅です」の言葉で引退した長嶋と同じだ。

トレードで全盛期を過ぎた大物選手を獲得する巨人の歴史を踏襲する一方で、長嶋は79年秋季伊東キャンプはじめ若手育成も実施。ホームランバッター松井は、その試みの賜物である。

「現役20年で一番思い出に残るのは、長嶋監督と2人でスイングした時間です」（松井）

長嶋が松井を育てた。12年を最後にメジャーを引退した松井とともに、長嶋は13年国民栄誉賞を受賞した。

松井秀喜と伊藤智仁の「野球人生双曲線」

「松井秀喜を獲るか、伊藤智仁を獲るか」

思えば92年秋のドラフト、私は選手補強を担当する編成部から二者択一を迫られた。いま思えば、片岡宏雄スカウト部長は慧眼だった。

「石川・星稜高の松井秀喜を指名しましょう。松井を獲れば、以後10年四番打者を心配しなくても大丈夫です」

「いい投手はいないのか？」

「三菱自動車京都の伊藤智仁が、かなりいいです」

長嶋と松井の生涯成績

・**長嶋**＝2186試合　2471安打　打率.305　444本塁打　1522打点　190盗塁（現役17年）
・**松井**＝2504試合　2643安打　打率.293　507本塁打　1649打点　59盗塁（現役日米20年）

「90年にヤクルト監督に就任してから3年間、私は故障が多い投手陣にずっと悩まされてきた。野球は投手だ。そんなに伊藤智仁がいいと言うのなら、伊藤を獲ってくれ」

「しかし……」

野球には、0点で抑えれば100パーセント負けないという単純な原理がある。0点で抑える主役は投手だ。監督就任時、戦力補強に関して「ドラフトで即戦力投手を獲ってほしい」という要望を出し、球団に約束を取り付けていた。

「一度にいい投手をたくさんは獲れない。1年1人としても、私の3年契約のうちに3人。3年後に優勝争いできたらいいんじゃないですか」

私が監督に就任した年から、すべてドラフト1位で即戦力投手を獲得している。90年西村龍次（ヤマハ）、91年岡林洋一（専大）、92年石井一久（東京学館浦安高）、93年伊藤智仁（三菱自動車京都）、94年山部太（NTT四国）……。高校卒の石井にしてもプロ1年目から日本シリーズに先発しているのだ。

それでなくても巨人が誇る「先発３本柱」の槙原寛己、斎藤雅樹、桑田真澄に対抗するのはなかなか難しい。

球団内の意思統一は紛糾したが、最後は、ドラフト会議の抽選で「黄金の左腕」の異名を取る相馬和夫球団社長の鶴のひと声だった。

「現場の野村監督を尊重しましょう。投手を指名しましょう」

広島、オリックスと競合の末、伊藤はヤクルトに入団する。

私が選んだ伊藤は確かに素晴らしい投手だった。甲子園出場こそないものの、京都・花園高から三菱自動車京都に進み、92年バルセロナ五輪銅メダルの原動力となった日本のエースである。

私が打者として対戦した相手投手では稲尾和久（西鉄）、捕手として投球を受けた味方投手では杉浦忠（南海）、そして監督として起用した投手では伊藤がＮＯ．１だ。

稲尾は通算２７６勝、杉浦は通算１８７勝。伊藤は通算わずか37勝25セーブ。２ケタ勝利を一度もしたことがない。それでも私の判断は大正解だったと思っている。

伊藤の代名詞の「高速スライダー」は鋭角に曲がった。１３３キロ前後でギュッと２段階で曲がる感じだ。私が60年余プロの投手を見てきた中で、あんなスライダーを投げられるのは伊藤だけだ。

93年ファームのイースタン・リーグ開幕戦、松井が伊藤から「プロ1号」を放っているのも何かの運命か。

伊藤は93年、肩を痛めて途中リタイアするが、鮮烈な印象を残し、前半戦の活躍だけで新人王を獲得。2ケタ本塁打（11本＝セ・リーグ高卒新人最多）の松井を抑えての受賞だ。先発12試合、7勝のうち完封4、防御率0・91。109イニングで投球回を上回る126奪三振。1試合16奪三振も記録した。

97年はストッパー・高津臣吾の調子が芳しくなく、伊藤を思い切って抑えに起用したら7勝19セーブ。私はヤクルト監督時代、92年・93年・95年・97年と優勝しているが、93年と97年の日本一に大貢献してくれた。

伊藤が入団した93年の投手陣は、伊東昭光13勝を筆頭に、西村龍次11勝、川崎憲次郎10勝、山田勉10勝、荒木大輔8勝、伊藤智仁7勝、岡林洋一5勝と続いた。

スポーツ新聞記者の言葉に、私が反論したのをよく覚えている。

「帯に短し襷《たすき》に長し。エースと呼べる投手がいませんね」

「何を言うか。大エースがいるやないか。イトウトモが。ピッチングがいい、心意気がいい、身体つきがいい。すべて大エースの条件を備えている」

肩の関節が柔らかくて可動域が広いからあの鋭角的な高速スライダーを投げられるのだが、反面、投げた瞬間に肩の関節がはずれやすい（ルーズショルダー）。それが神経に触って肩を壊す。まさに「両刃の剣」。「ガラスのエース」と揶揄された。

そして、00年の８勝を最後に伊藤は勝ち星から遠ざかる。年俸（推定）は８０００万円から１０００万円に、日本球界過去最大の88％ダウン。それでも現役に固執した。

03年10月25日の２軍戦。伊藤の投球を見て、球団が翌年の契約をするかどうかを判断することになった。

ヤクルト２軍の戸田球場に熱心なファンが１００人ほど集結した。

先発した伊藤が投じた初球は１０９キロだった。

（カーブ？　いや、スライダーなのか？）

目を疑った。デビューから11年目。かつて１５３キロをマークした鋭く切れのいいストレートの面影はもはやなかった。

「ダメだな、こりゃ」

球団編成部のお偉いさんが発したデリカシーのない言葉に周囲は内心憤っていた。

（せめて、「伝説の大投手」の投球を目に焼き付けておこう）

ヤクルトファン、ヤクルトナイン、そして対戦相手の巨人ナインまでもが同じ思いだったに違いない。いつもは声援や野次が響くグラウンドが、静寂に包まれていたのだ。聞こえるのは、伊藤の投球が捕手のミットを叩く音だけ。

内野ゴロ、四球、四球。

ここで岡林洋一2軍投手コーチがマウンドに駆け寄り、伊藤の背中をポンポンと叩いた。かつて岡林も「腕も折れよ」とばかりに熱投を続けた投手だった。

伊藤は納得したように、晴れやかな表情でマウンドを降りた。ファンから、両軍選手から温かい拍手がわいた。取材していた野球記者は涙が止まらなかったという。

私は60年余のプロ野球人生を振り返り、ふと思うことがあるのだ。

勝負事で「たら・れば」は禁句である。一つを選ぶということは、一つを捨てることだから。

しかし、人生は常に「もしも」の連続である。

「もしも、私がドラフトで松井秀喜を選んでいたら、伊藤智仁が他球団に行っていたら、日本野球の歴史はどうなっていただろう」と。

野球人気を盛り上げるための「野村の長嶋批判」が誤解された

私がヤクルトの監督に就任した当時、ヤクルトという球団自体に明白な「巨人コンプレックス」があるのを感じていた。

顕著な例が「観戦チケット」だ。現在はどうか知らないが、私が監督に就任した頃の神宮球場のヤクルト主催ゲームは、チケットが「巨人・阪神戦」と「巨人・阪神戦以外」に分かれていた。チケット料金自体は変わらないが、「巨人・阪神戦」のC指定席が、「巨人・阪神戦以外」ではB指定席に格上げされる。

裏返せば、巨人や阪神を特別視しているという何よりの証拠だ。プロとしていかがなものか。これではファンはもちろん、選手が巨人に苦手意識を持つ一つの原因になってしまう。

創業一族の松園尚巳オーナーは、「巨人ファン」をなかば公言していたらしい。

「ヤクルトが巨人に勝つと、ヤクルトレディが企業を訪ねてもヤクルト飲料が売れないんだよ。巨人以外に勝って優勝するのが一番の理想だ」

次期オーナーに就任した桑原潤氏や相馬和夫球団社長ら、お偉いさんが、ぶつぶつボヤいていた。

「野村監督、巨人戦以外はお客さんが入らなくて、なかなか経営がうまくいかないんです」

「それならいっそ巨人人気、長嶋人気にあやかりましょうよ。ヤクルトファンはアンチ巨人・アンチ長嶋のはずだから、マスコミを通して巨人批判、長嶋批判をバンバンやります。遺恨対決をマスコミにあおってもらう。ヤクルト自体に注目が集まって人気が上がれば、巨人戦以外でも観客が増えます。ひいては野球界全体の発展につながります」

そう話したのには、かつてこんなことがあったのを思い出したからだ。

70年代に一世を風靡した松竹新喜劇の藤山寛美さん（29〜90年）。6歳上の藤山さんは道頓堀の松竹新喜劇の人気役者、私は南海ホークス。2人は風貌がそっくりで、同じ関西人ということもあって、マスコミから対談の企画が持ち込まれた。

「南海の本拠地の大阪球場はお客が入らず、困ったものです。閑古鳥が鳴いていますよ」

「野村さん、『人気』ってどう書きます？」

「人の気と書きますね」

「そう、だから難しいんです。人の気持ちをつかんで動かすのは大変なことです。我々は人気商売、客商売。それにはマスコミの力を借りるのも一つの方法なんですよ」

「なるほど。今まさにマスコミが言っている長嶋の『ひらめき采配』『カン（勘）ピュータ野球』になんて負けていられない！」

実際私は「コンピュータ野球、ＩＤ野球（データ重視・活用）」を標榜し、ミーティングをことのほか大事にした。３連戦の初日には、投手陣と野手陣に分かれ、対戦チームの「直近の傾向と対策のデータ分析」をスコアラーから選手に報告させ、監督・コーチが「戦い方の方向性」を示した。「勝つためにはどうすべきか」のエキスを選手たちに注入したのだ。

ある野球記者が面白い表現をしていた。

「野村監督にとって『考える野球』は当たり前だったでしょうが、野村監督が懐から繰り出す野球の知識によって、個々の選手の野球技術が向上し、チームが強くなっていく姿を見るのは新鮮です」

「表現が失礼なのを御容赦ください。野村監督が『ドラえもん』だとすると、古田敦也が『のび太』、広沢克己が『ジャイアン』、池山隆寛が『スネ夫』、栗山英樹が学級委員の『出木杉』という構図。みんなが結束して敵（巨人）に立ち向かっていく」

それ以外のナインにも「野生児」の外野手・飯田哲也、「『大都会』を歌うクリスタルキングの物マネ」が得意だった高津臣吾ら、タレントがそろっていた。

ふだんはオチャラケているが、「やるときはやる」ギャップが、ファンには魅力だった。

当時の流行語で言うなら「新人類」。新人類と「伝統の巨人」の対決は大人気を呼んだ。果たして私の思惑は、うまくいった。観客動員は劇的に伸びた。

ヤクルトの選手は、神宮球場が学生野球の聖地であるため常に自由に使用することはできない。まず、隣接する神宮外苑室内球技場で練習し、大学野球の試合が終了次第、そこから徒歩わずか2~3分の神宮球場に移動する。

しかし、熱烈なファンに囲まれてその移動が困難になった。だから神宮外苑室内球技場に横づけしておいた貸切バスに乗り込み、一度、青山通りに出てから、神宮球場正面にバスを停め、球場入り。

「甲子園のアイドル」荒木大輔もヒジの故障から復活。荒木は、「荒木トンネル」の名のついた秘密の地下通路から神宮球場入りしていた。

そんな面倒なことをしないと球場入りできないほどの大人気を博したのである。

神宮球場に女性ファンが飛躍的に増えた。妙齢の美女が、人気と実力を兼備するヤクルトの選手を一目見ようと、スタンドのそこかしこに陣取った。

「神宮球場バックネット裏地下にある記者席で試合を観るより、スタンドでスコアをつけているほうが、美女がたくさんいて目の保養になっていい」

スポーツ紙カメラマンは、望遠レンズで美女を探して楽しんでいた。あまりこんなことをバラしてはいけないが、本当の話である。

93年・94年のヤクルトファンクラブは、定員2万人の「満員御礼」。四半世紀前はバーコードで管理する会員カードなどなく、手作業で来場スタンプを押していた。「優勝がかかった試合で2万人の入場無料ファンが一気に来場したら、数名のファンクラブスタッフでは対応・管理が不可能になる」と、それ以上の入会をお断りしたそうだ。

マスコミを利用する作戦にはただ一つ、誤算があった。

「『セ・リーグを盛り上げるため』『ヤクルトの人気獲得のため』と、ヤクルト球団上層部から巨人上層部に対して、その旨、一報を入れておいてください」

念押ししておいたにもかかわらず、それが巨人側にきちんと伝わっておらず、長嶋家が「野村の長嶋批判」を本気にしたようだ。

長嶋本人だけでなく、一茂も、娘さんの三奈嬢（現・スポーツキャスター）も。言い訳するわけにもいかず、あれには正直、参った……。

その証拠に、三奈嬢が取材で球場を訪れたとき、私と顔を合わせてこちらが軽く話しかけても、いつもソッポを向かれたことだ。

「かくかくしかじか、本当はこういう裏事情なんだよ」

どれだけ弁明したかったことか。男性は、女性に嫌われるのはツライものである。依然、誤解は解けていない。この場を借りてお詫びする次第だ。

さて三奈嬢は、プロ野球選手の原点である高校野球取材に半生を捧げた。どれだけ高校球児を勇気づけたことか。

17年8月7日高校野球甲子園大会、三奈嬢のワインドアップでの始球式、ダイナミックで素晴らしい投球だった。聞けば、長嶋に指導を受けたという。いかにも本番に強い長嶋の娘さんらしい。

長嶋一茂、父親譲りの長打力と鉄砲肩

長嶋茂雄の長男・長嶋一茂[※5]（立大）。父親譲りの強肩、打球を遠くに飛ばす長打力はさすがドラフト1位の素材だった。

大相撲やメジャー・リーガーは「二世」が活躍するが、なぜか日本のプロ野球では二世選手は活躍できない。

二世選手で「父親より活躍した」というのは、黒田博樹（広島→メジャー・リーグ→広

島＝日米通算533試合203勝184敗1セーブ）くらいしか思い浮かばない。

黒田の父親は黒田一博氏※6。私が南海に入団する54年の1年前まで南海に在籍し、六番打者・センターで優勝に貢献したらしい。

私の息子の野村克則（明大→ヤクルトほか、現・ヤクルトコーチ）は96年ヤクルトのドラフト3位。東京六大学で2年秋に首位打者と打点王のタイトルを獲得したが、当時の明大監督が社会人野球への世話をしてくれたこともあって、プロ入りに関して私は大反対した。

「プロで成功するのは難しい。社会人野球に進め」

「失敗してもプロ入りしたほうが絶対に後悔しない。プロに行きたい」

結局、プロ通算11年で222試合66安打4本塁打17打点1盗塁、打率・185であった。

さて、私の「ID野球」のミーティング中、一茂はノートに漫画を描いていたこともあったが、一茂が嫌いだから試合に出さなかったということはない。

※5 通算9年384試合161安打18本塁打82打点8盗塁、打率・210。
※6 長崎・佐世保商高→青木産業→八幡製鐵→南海＝49〜53年→高橋ユニオンズほか。通算8年777試合578安打32本塁打247打点35盗塁、打率・246。

事実、91年6月9日の広島戦にスタメン起用すると、3安打5打点の活躍。その試合を皮切りにチームは12連勝の球団新記録をマークした。チーム11年ぶりAクラス入りに大きく貢献してくれた（80年武上四郎監督2位以来）。大事な戦力を使わないわけがない。

「一茂よ。オマエのオヤジはオレが嫌いで、家ではオレの悪口を言ってんじゃないのか」

冗談はよく言った。ただお互いの立場上、本人は冗談と受け取れなかったのかもしれない。

一茂のヤクルト入団時の監督は関根潤三さん（87〜89年）。関根さんは東京六大学野球の観戦に行って一茂の素材に惚れ込み、一茂獲得（88年ドラフト1位）には関根さんの意向が強く働いた。関根さんは、父・茂雄の巨人第1次政権1年目の75年に、茂雄の要請で巨人へッドコーチに就任している。

のちに大洋が茂雄の監督招聘に働きかけたこともあり、「大洋・長嶋監督が実現したら交代する」の条件付きで、「大洋・関根監督」（82〜84年）が実現した経緯もある。もともと茂雄と関根さんとは太いパイプがあったのだ。

関根さんは人気者や若手選手の起用・育成に定評があった。好々爺然として、解説者としての語り口調もソフトだったが、育成に関しては厳しかった。投手を励ますためにマウンドに行くと、気合を入れるために投手の足をスパイクでよく踏みつけていたものだ。

しかし、新人・一茂の打撃を見に行った、あの「教え魔」こと、山内一弘さん（現役時代は大毎、阪神ほか。ロッテ・中日の監督を歴任）はこう言ったそうだ。

「これは時間がかかるな。長い目で見てやらないとね」

一茂はプロ1年目の88年、4月27日にビル・ガリクソン（巨人）からプロ8打席目、代打で初安打を本塁打で飾っている（神宮球場）。ちなみに茂雄の初本塁打はプロ22打席目だった。

のちに私の片腕の2軍監督となる松井優典マネジャー（当時）が言っていた。

「あのときの一茂には目力があった。打つオーラが体から醸し出されていた」

だが、それが継続しなかった。技術的欠点は明らかだった。内角球に腰が引けてしまうのだ。左足を開くのは別にいい。だが、腰が引けてしまうのは、いかんともしがたい。野球選手として致命的だ。

今さらながら内角球を打つのがなぜ難しいか。右打者の場合、外角球というのは左手一本で打って、右手は添えているだけでいい。内角球は打者の体に近いから、バットに当てるだけなら簡単だ。ただ、「ドアスイング」のように、そのまま体を回転させて打つと（右打者なら三塁左への）ファウルになる。

「90度のフェアゾーンの範囲内に打ち返す」には、バットのヘッドを内から外へ出すように、腰の回転・体の回転を使って、わずかな範囲の「バットの芯」に当てて打ち返さなくてはならない。これを実際にやろうとすると難しくて、なかなかできないのだ。

内角球が苦しければバットを短く持てばいい。場外ホームランを打つ必要はない。スタンドに届けばいいのだから、短く持ったほうがバットコントロールはしやすい。通算本塁打数日本一（世界一）の王貞治はバットを一握り、二位の私はバットを二握り短く持っていた。

私は45歳で引退したが、原因は内角打ちが苦しくなってきたこと。体が回転するスピードが鈍ってきた。年齢による衰えを感じたのだ。内角打ちが苦しくなって、内角にばかり意識が行くと、外寄りの打てる球まで打てなくなってしまう。

だから翻って言えば、「配球の基本」は、打者に「内角を意識させておいて外角で勝負する」ことにある。それゆえ逆をつくように、「外角に行くのではないかと思わせておいて内角に投げさせる」こともある。

守備における打球処理にしても同様、一茂は腰が引けてしまう。ヤクルト入団当初の船田和英守備コーチが嘆いていたそうだ。

「ノックバットが擦り減るだけだ」

仲が良かった同学年、三遊間を組んだ池山隆寛遊撃手にテレビカメラの前で軽口を叩かれた。

「いいグラブを使っているんだね。なんで捕れないの？」

それでも、守備は上手くなるものだ。94年5月18日に槙原寛己（巨人）が広島戦（福岡ドーム）で完全試合を達成しているが、八番・三塁でスタメン出場を果たし、大記録を樹立した槙原に真っ先に抱きついたのが巨人に移籍していた一茂だった。

93年・94年、巨人とヤクルトの「遺恨対決」

私がヤクルト監督に就任した90年か91年に、こんなことがあった。

西村龍次が登板したとき、巨人の打者・中尾孝義の空振り三振時にスッポ抜けたバットがマウンドに飛んでいった。

「気をつけろ！」

頭角を現してきた西村に対して、中尾は「少しおどかしてやろう」と、半分故意にバットを投げたと思う。それに対し西村は、中日時代にＭＶＰを獲得している球界の先輩を一喝したのだ。

【1993年のヤクルトベストオーダー】80勝50敗2分＝1位		
1(中)	城 友博	.258　73安　1本　26点
2(左)	▲荒井幸雄	.291⑨104安　9本　35点
3(捕)	古田敦也	.308⑥161安　17本　75点＝MVP
4(一)	広沢克己	.288　151安　25本　94点＝打点王
5(三)	▲ハウエル	.295⑧117安　28本　88点
6(遊)	池山隆寛	.256　100安　24本　71点
7(右)	▲秦 真司	.239　58安　7本　27点
8(二)	ハドラー	.300⑦123安　14本　64点
(打)	＋笘篠賢治	.272　59安　1本　13点
(打)	飯田哲也	.217　53安　2本　21点
(投)	伊東昭光	13勝4敗2S　防3.11⑤
(投)	川崎憲次郎	10勝9敗　防3.48⑧
(投)	伊藤智仁	7勝2敗　防0.91＝新人王
(投)	高津臣吾	6勝4敗20S　防2.30

（注）▲は左打ち、＋はスイッチヒッター。打率または防御率の後ろの○内の数字はリーグ順位（10位以内）。

「巨人倒さずして、優勝なし」

監督就任以来、私が口を酸っぱくして言ってきたことが、少しずつ浸透し、ヤクルト選手の巨人コンプレックスは徐々に払拭されていたのかもしれない。巨人選手を特別視することがなくなっていった。

「1年目に種をまき、2年目に水をやり、3年目に花を咲かせてみせましょう」

90年5位、91年3位。そして、私は公約通り92年に

【1993年の巨人ベストオーダー】64勝66敗1分＝3位		
1(右)	＋緒方耕一	.234　79安　2本　17点＝盗塁王（24個）
2(遊)	川相昌弘	.290⑩134安　5本　35点
3(二)	▲篠塚和典	.337　70安　4本　23点
4(三)	原 辰徳	.229　77安　11本　44点
5(左)	▲吉村禎章	.270　84安　8本　43点
6(中)	バーフィールド	.215　74安　26本　53点
7(一)	▲駒田徳広	.249　109安　7本　39点
8(捕)	村田真一	.248　61安　6本　28点
(打)	▲松井秀喜	.223　41安　11本　27点
(打)	長嶋一茂	.216　29安　1本　12点
(投)	槙原寛己	13勝　5敗　防2.28③
(投)	斎藤雅樹	9勝11敗　防3.19⑥
(投)	桑田真澄	8勝15敗　防3.99
(投)	石毛博史	6勝　5敗30S　防2.96＝最優秀救援

ヤクルトをセ・リーグ優勝に導いたのである。

その92年の1年間、ヤクルトは一茂をメジャー・リーグのドジャースに野球留学させたが、93年から茂雄が巨人監督に再就任。「長嶋・巨人」の第2次政権が始まった。長嶋亜希子夫人の希望もあり、92年を最後に一茂を巨人に金銭トレード。そんなことすべてが、巨人との「遺恨対決」、観客動員のスパイスとなった。

前述の西村龍次がらみで、

【1994年の巨人ベストオーダー】70勝60敗0分＝1位		
1(左)	グラッデン	.267　100安　15本　37点
2(遊)	川相昌弘	.302⑨143安　0本　33点
3(右)	▲松井秀喜	.294　148安　20本　66点
4(一)	落合博満	.280　125安　15本　68点
5(中)	コトー	.251　96安　18本　52点
6(三)	原 辰徳	.290　58安　14本　36点
7(二)	元木大介	.280　61安　4本　25点
8(捕)	村田真一	.248　82安　10本　41点
(打)	▲岡崎 郁	.257　84安　6本　45点
(打)	大久保博元	.294　35安　9本　18点
(投)	桑田真澄	14勝11敗1S　防2.52②＝MVP 最多奪三振（185個）
(投)	斎藤雅樹	14勝　8敗　防2.53③
(投)	槙原寛己	12勝　8敗　防2.82④
(投)	石毛博史	5勝　4敗19S　防3.14

94年5月の巨人戦で「遺恨対決」が勃発する。

試合序盤、西村が村田真一へ頭部死球を与え、負傷退場させていた。今度は打席に立った西村の尻に、巨人の木田優夫（現・日本ハムGM補佐）が死球を与える。報復行為とも見て取れた。

続いて、グラッデンへの内角球が原因で、ついに乱闘騒ぎが発生した。西村とバッテリーを組んでいた中西親志捕手とグラッデンが本塁上で殴り合うのである（※その年、

「長嶋・巨人」第2次政権の投手陣3本柱

槙原寛己	82〜01年＝463試合159勝128敗56セーブ、防御率3.19
斎藤雅樹	83〜01年＝426試合180勝 96敗11セーブ、防御率2.77
桑田真澄	86〜06年＝442試合173勝141敗14セーブ、防御率3.55（NPBのみ）

古田敦也捕手は4月に広島・前田智徳ファウルチップを右手人差し指に受け、骨折。長期離脱を余儀なくされていた）。

神宮球場の記者席は、通路を隔てて両軍ベンチとつながっており、「巨人ベンチから、ぶつけろ！　の怒声が飛びかっていた」と当時の野球記者は話していた。

以降、西村の伝家の宝刀・シュートは鳴りを潜めてそのシーズン6勝に終わり、入団以来続けていた2ケタ勝利も4年連続で途切れ、吉井理人（近鉄）との交換トレードとなるのである。

当時の時代背景として、五輪でのプロ選手出場は2000年シドニー五輪からであり、WBCの開催も2006年から。ゆえに「侍ジャパン」のように12球団代表選手同士の交流はほとんどなかった。スマートフォンなる文明の利器も当然ながら存在しておらず、簡単に連絡が取れる時代ではない。つまり、「他チーム選手は敵」という共通認識であったため、死球による乱闘事件はよく勃発していた。

それにしても当時の巨人の投手陣、「先発3本柱」は凄かった。

通算150勝以上を挙げた投手が同時期に3人そろい踏み。ウイニングショットは槙原がスピードボール、斎藤はサイドスローからのフォークボール、桑田はカーブ。巨人はさらに相次ぐ補強。こんな中で「野村・ヤクルト」は「長嶋・巨人」と戦っていたのだ。

「野村・ヤクルト」の歴史は、「長嶋・巨人」との開幕戦対決の歴史

92年、私がヤクルト就任3年目でセ・リーグ初優勝を果たし、93年・95年・97年と、セ界を制覇する。

長嶋が93年に巨人監督に復帰すると、94年・96年に優勝。

一時は「野村・ヤクルト」と「長嶋・巨人」でセ・リーグの覇権を二分していた。

・S優勝＝92年／93年／95年／97年
・G優勝＝94年／96年

私のヤクルト監督の歴史は、「長嶋・巨人」との対決の歴史であった。もっと突き詰めれば、「巨人との開幕戦」の歴史だった。私は開幕戦を単なる「130試合分の1」だとか

「144試合分の1」とは見ていなかった。開幕戦は「そのシーズンを左右する」最も大事な一戦と言っても過言ではない。

・90年＝内藤尚行が、篠塚利夫にポール際に「疑惑のアーチ」を浴びる→5位
・95年＝飯田哲也が桑田真澄から頭部死球（危険球）を受けるも、逆転勝利（開幕第2戦）→優勝
・97年＝「4年連続開幕戦完封」を狙う斎藤雅樹から、小早川毅彦が3連発→優勝
・98年＝1回表、四番・清原のとき、古田が右手人差し指を痛め、開幕3連敗→4位

しかも、巨人とシーズン五分で戦うことが優勝の条件であるのは、過去の対戦成績が如実に証明していた。

93年打点王のヤクルト四番・広沢克己、92年首位打者と本塁打王の五番ジャック・ハウエルが95年に巨人に移籍した。外国人選手は契約の問題で仕方ないにしても、広沢は気の毒だった。

「野村監督、FAの権利を取ったので、巨人に行かせてもらえませんか」

「やめておけ。昔から巨人は、他球団から移ったベテラン選手を使い捨てにする傾向にある。おまえはこのままヤクルトに残れば、将来監督だぞ」

しかし、広沢は契約更改でもめ、当時の球団フロントのお偉いさんに「キミの時代は終わったんだ」と辛辣なことを言われた。チームに残りたくても、意地でも残れない状況だったらしい。

巨人はさらにドラフトで河原純一（駒大）、FAで川口和久（広島）、さらに交換トレードで阿波野秀幸（近鉄）を獲得。連覇に向け、長嶋は飽くなき大補強に意欲を見せた。それをマスコミは「巨大戦力」と表現した。

そこへ「トーマス・オマリーが阪神を解雇された」という情報が入った。すぐさま私はヤクルト・フロントに、「ほかの球団に獲られる前に、すぐ獲ってくれ！」と電話をかけたものだ。オリックスと争奪戦を繰り広げた末の獲得だった。

開幕カードは巨人と東京ドームで相まみえた。いきなり斎藤に完封を許す。2戦目も桑田に手も足も出なかったが、9回桑田の飯田哲也への危険球退場からチャンスを作り逆転勝ち。3戦目はオマリーのタイムリー殊勲打で、まずは幸先のいいスタートを切った。

そして迎えた4戦目、神宮球場初戦の中日戦。オマリーは「先制・逆転・ダメ押し」の1

野村・ヤクルトと長嶋・巨人の直接対決戦績

	ヤクルト － 巨人
92年	【1位】13勝 － 13勝【2位】
93年	【1位】12勝 － 14勝【3位】
94年	【4位】11勝 － 15勝【1位】
95年	【1位】17勝 － 9勝【3位】
96年	【4位】7勝 － 19勝【1位】
97年	【1位】19勝 － 8勝【4位】

試合3発。その余勢を駆って、チームは4月8連勝。

オマリーの活躍でみごと開幕ダッシュに成功し、首位の座を一度も譲ることなく、ぶっちぎりでゴールのテープを切ったのだ（1試合3発は、ヤクルトでは87年ボブ・ホーナー以来）。終わってみれば、この開幕からの4試合が大きかった。

97年。ヤクルトはオマリーが退団。巨人を退団した落合博満とヤクルトとの入団交渉はまとまらず、落合は日本ハムに移籍した。対する巨人はＦＡで清原和博（西武）、2年連続2ケタ勝利のエリック・ヒルマン（ロッテ）を獲得する。

開幕戦、巨人の先発・斎藤は96年ヤクルト戦6勝0敗。さらに「4年連続開幕戦完封勝利」を狙う。

その斎藤から小早川毅彦が1試合3発。小早川は、広島時代の84年新人王。87年江川卓（巨人）を引退に追い込む強烈な本塁打を放った強打者だ。広島を自由契約になった96年オフ、やはり球団に頼んで獲得に動いてもらった。

「斎藤－村田真一のバッテリーは、カウント3ボール1ストライクになると、左打者には外角のボールからストライクになるカーブでカウントを稼いでくる」

明らかなデータをはじき出していた。

目に見える戦力が「有形」と言うならば、「データ」を駆使するのは「無形」の力。有形のほうには限りがあるが、無形には限りがない。また、正攻法で戦ってかなわないなら、「奇襲」を絡めて戦うのが「弱者の戦法」だ。野球は強い者が勝つとは限らない。「勝った者が強い」のだ。

改めて言おう。私は、現役時代は王貞治、監督時代は長嶋茂雄をライバル視した。「野村・ヤクルト」の歴史は「長嶋・巨人」との開幕戦対決の歴史だった。

94年「国民的行事の10・8決戦」、96年「メーク・ドラマ」

94年10月8日の中日－巨人戦。日本プロ野球史上初めて、シーズン勝率が同率首位で並んだチーム同士が、最終戦で直接対決する「優勝決定戦」となった。

10年に日本野球機構（NPB）がプロ野球の監督・コーチ・選手に対して行った「最高の試合」「名勝負・名場面」のアンケート調査で、みごと「最高の試合」部門1位に輝いている。

ちなみに「名勝負・名場面」部門1位の「09年スレッジ（日本ハム）の逆転サヨナラ満塁本塁打」は、クライマックスシリーズ第2ステージ、第1戦9回裏、8対5から福盛和男（楽天）が痛恨の一発を浴びたものだ。私の監督最終年、日本シリーズ進出が視野に入っていただけに残念だった。

さて、94年序盤から首位を快走していた巨人が8月下旬に8連敗。一方、Aクラスを維持しながら、翌年から星野仙一招聘案（結局は高木が留任）が持ち上がり、シーズン中に球団は高木監督に「契約解除」を内示。

「勝って高木監督に最後の花道を飾ってもらおう」と一致団結した中日ナインは、9月中旬から9連勝。10月6日終了時点で69勝60敗0分。両チームの勝率が並ぶのだが、9月26日雨天中止の中日－巨人戦を、10月8日に組み込む追加日程をNPBが9月30日に発表した。

「130試合目で決着する試合がやれる選手たちは幸せですよ。みんなが注目する国民的行事ですね」（長嶋）

その試合は「10・8決戦」として一躍、注目度を増していった。メジャー・リーグもストライキ中で、熱心な米野球ファンも注目していたほど。長嶋だけがまるで他人事のように表現した。長嶋らしいと言えば、長嶋らしい。

当日、緊張に固まるナイン、試合前のミーティングで長嶋は連呼した。

「オレたちは絶対勝つ！　勝つ、勝つ、勝つ！」

この年中日からFA移籍した落合のソロ本塁打で、2回表に巨人が先制。3回表にまたも落合のタイムリー安打で勝ち越し。落合は長嶋の熱心なファンで、74年長嶋の引退試合を後楽園球場で観戦した。

「長嶋さんを胴上げするために巨人に来ました」

落合が巨人入団会見で語っていた通り、有言実行の一打を放った。

しかし落合は、3回裏に立浪和義の打球を処理する際に足を滑らせ、内転筋を痛め負傷退場。その立浪は8回裏、PL学園高の先輩・桑田真澄との対決、一塁にヘッドスライディングして左肩脱臼で退場（内野安打）。立浪の遊撃手生命に影響を与えた故障であった。

まさに両チームとも満身創痍の死闘だったが、巨人が6対3で制する。勝利の瞬間の桑田のガッツポーズが印象的だった。

94年10月8日のセ・リーグ優勝決定試合

	1	2	3	4	5	6	7	8	9	R
巨人	0	2	1	2	1	0	0	0	0	6
中日	0	2	0	0	0	1	0	0	0	3

巨人＝槙原（1回）－斎藤（5回）－桑田（3回）
中日＝今中（4回）－山田（0回）－佐藤（3回）－野中（2回）
勝＝斎藤（14勝8敗）、負＝今中（13勝9敗3S）、S＝桑田（14勝11敗1S）
本＝落合15号ソロ（今中）、村田真10号ソロ（今中）、コトー18号ソロ（今中）、松井20号ソロ（山田）

私はこの試合の模様を、当日夜のスポーツニュースで見た。「10月8日首位決戦」が行われた日、我がヤクルトはと言えば、広島に勝って横浜と同率5位（＝同率最下位）となった。

翌10月9日、ヤクルト－横浜戦が神宮球場であった。こちらは「最下位決戦」。ヤクルトが最終戦に勝てば4位。負ければ最下位。なんともまあ、「野球の神様」のいたずらだ。結果はヤクルトが2対1でサヨナラ勝ちし、阪神と並んで同率4位となった。

この年のセ・リーグは接戦で、首位・巨人と、最下位・横浜とのゲーム差は、9しかなかった。

巨人は日本シリーズで「森祇晶・西武」をくだし、「長嶋・巨人」初の日本一。長嶋の胴上げの年賀状が野球関係者の自宅に届いた。

96年は広島に最大11・5ゲーム差をつけられながら巨人の大逆転。俗に「メーク・ドラマ」と呼ばれる。

私は「捲土重来」「臥薪嘗胆」「我武者羅野球《がむしゃらやきゅう》」など、「シーズン・スローガン」を考えるにしても漢字を好んで使った。

対照的に長嶋は横文字が好きだ。「鯖《さば》」のことを「魚へんにブルー」と言ったとか聞くが、本当だろうか。いずれにせよ長嶋が巨人ナインの奮起を促すために使った「MAKE DRAMA」は、長嶋の造語（和製英語）だ。当時、野球記者が「ローマ字読みすれば、『負けドラマ』ですね」と、さんざん揶揄していたが……。

10月6日の中日戦（ナゴヤ球場最後の公式戦）に巨人が勝ち、メーク・ドラマは完結するのである。

そういえば、長嶋は横文字が多いとともに、擬音語も多い。長嶋を取材した野球記者が嘆いていた。

「話しているときは『ああ、なるほどな』と思うのですが、いざ録音を聞き直してみると擬音語が多くて、文章にするときどう翻訳するか苦労します」

それにしても私は92年リーグ優勝のあと、93年・95年・97年と日本一の頂点に立つのだが、94年・96年・98年と、はかったように4位に沈んだ。今でこそ正直に話すが、どうも油断してしまったのだなぁ。だから連覇する監督は凄いと思う。

00年「王貞治・ダイエー vs.長嶋・巨人」のミレニアム対決

「長嶋・巨人」は94年に西武に勝ち、長嶋は監督10年目にして初の日本一。９年間で８度リーグ優勝、６度日本一の常勝「森祇晶・西武」を倒した。

長嶋は96年にもリーグ優勝を果たすが、日本シリーズでイチローを擁する「仰木彬・オリックス」に敗れる。

巨人は97年４位、98年３位、99年２位と、３年間セ界制覇からも遠ざかった。

00年巨人は工藤公康をＦＡ補強してリーグ優勝。世紀末、「ミレニアム」の日本シリーズは「王貞治・ダイエー」をくだし、６年ぶり日本一。

「平成の三原・水原対決」とマスコミは喧伝したが、どちらかというとお祭りムードで、逆にガッカリしたファンも多かったのではないか。

長嶋は翌01年２位に終わり監督を退くことになった。長嶋第１次政権は６年間でリーグ優勝２度、長嶋第２次政権は９年間でリーグ優勝３度、うち日本一２度。

34年に米大リーグのベーブ・ルースを迎え撃つために、日本代表の「大日本東京野球倶楽部」が結成された。現在の巨人軍の前身だ。

私は35年6月、長嶋は36年の2月、プロ野球の夜明けの時代に、この世に生を享けた。同じ学年だ。我々の人生は、日本のプロ野球とともにある。

長嶋は「野球は人生そのものだ」と言った。

その通りだと思う。私もそうだ。「野村克也－野球＝0」。

長嶋も私も形は違えど、野球を愛することに変わりはない。

第4章 ｜ 阪神時代

#08

星野仙一

「血の入れ替え」と「鉄拳指導」。「弱者を強者にする」闘将野球

ほしの・せんいち

1947年生まれ／180センチ80キロ／右投げ右打ち／投手

選手時代	試合	500 146勝121敗34セーブ、防御率3.60	岡山・倉敷商高 ▶ 明大 ▶ 中日(69〜82年＝現役14年)
監督時代	年数	17年	監督＝中日(87〜91年、96〜01年) 阪神(02〜03年) 楽天(11〜14年)
	勝敗	2277試合1181勝1043敗	
	勝率	.531	
	優勝	リーグ優勝4度(日本一1度)	

「団塊の世代」。同時期の岡山には好投手が目白押し

星野仙一は47年生まれ（昭和22年生まれ＝268万人）だから、私や長嶋のひとまわり年下になる。俗に言う「団塊の世代」。戦後のベビーブームの時代で、勝負ごとには向いているかもしれない（※2017年生まれは94万人）。

甲子園大会出場を確実視されていた星野だが、まさかの予選敗退を喫した。

「オレの中では西宮（甲子園球場の所在地）まで行っていた。いや、甲子園駅の改札口を出ていた」（星野）。

星野の高校時代は、1年下に「岡山三羽烏」と並び称された好投手が目白押しだった。同じ倉敷商高に松岡弘（→ヤクルト＝通算660試合191勝190敗41セーブ）、ライバル・岡山東商高に平松政次（→大洋＝635試合201勝196敗16セーブ）。関西高に森安敏明（→東映＝242試合58勝69敗）。

周囲の勧めで進んだ明大時代は、同学年に田淵幸一・山本浩司（浩二）、富田勝の「法大三羽烏」、1年下の早大に谷沢健一（中日）がいた。

岡山県出身なので、投手として個人的には村山実（阪神）に憧れていたそうだが、巨人入

りを熱望した。

名選手を多数輩出した69年の「黄金ドラフト」。巨人が島野修[※7]（神奈川・武相高→巨人→阪急）を1位指名したとき、星野がとっさに発したセリフは、球界のけだし名言となった。

「星と島を間違えたのではないか」

あの悔しい思いが星野を長く支えてきたのだろう。74年15勝10セーブを挙げ、巨人の10連覇を阻んで、チーム20年ぶり優勝に貢献した。

最多勝利・最多奪三振・最優秀防御率の主要タイトルとは縁がなかったが、74年にはセ・リーグ初代「最多セーブ」の栄誉に浴した。通算14年間の現役生活で５００試合登板１４６勝。５年連続を含む８度の２ケタ勝利。77年には自己最多の18勝を挙げている。

81年「アマ球界のプリンス」原辰徳（東海大）が巨人に入団すると、内角球でのけぞらせ、腰を引かせておいて外角スライダー勝負で討ち取った。

この年、プロ４年目の小松辰雄（中日）が１５０キロを超えるストレートで初めて２ケタ勝利を挙げ、「スピードガンの申し子」ともてはやされた。

※7　島野はプロ通算10年24試合1勝4敗。現役引退後、阪急ブレーブスのマスコットの「ブレービー」として活躍。現在の巨人の「ジャビット」、ヤクルトの「つば九郎」ら、「スーツアクター」のパイオニア的存在だった。

対する星野のストレートは当時135キロ程度。それでも内外角のコンビネーションと緩急を駆使し、打者を翻弄した。さらにマウンド上で雄叫びをあげ、「燃える男」っぷりを遺憾なく披露した。

40歳で中日の青年監督。監督采配3つの特徴

87年、中日監督に就任。背番号「77」は、NHK解説者時代に可愛がってもらった川上哲治監督（巨人）の背番号にあやかったそうだ。

星野の監督采配には3つのイメージが強い。

（1）「血の入れ替えトレード」
（2）「2軍から昇格させた選手、高卒新人でもすぐ使う」
（3）「鉄拳指導」

（1）監督就任早々、いきなり1対4の大型トレードを断行した。「2年連続を含む3度の三冠王」落合博満（ロッテ）を獲得するために、抑えの切り札・牛島和彦、元気印の二塁

手・上川誠二、左右の中継ぎ・桑田茂と平沼定晴を放出した。

中日第１次政権時代はチーム支配下選手70人中、39人を放出。阪神時代は70人中、27人を放出。星野の監督就任後３年もすれば、「別のチーム」になっている印象があった。

大物ベテランや一流外国人選手を含め、補強が巧みだった。「移籍加入させて、環境を変え、モチベーションを上げる」ところは私と共通点がある。ただ、私の場合は「自由契約選手を入団させる」、星野の場合は「大物の交換トレード」という違いがあった。

（２）近藤真一（享栄高）は巨人を相手に87年「初登板ノーヒットノーラン」。翌88年立浪和義（ＰＬ学園高）が高卒新人初の「遊撃手ゴールデングラブ賞」に輝いている。

（３）ドラフト１位で85年に入団した捕手・中村武志は、星野が監督に就任したプロ３年目の87年から一軍に定着するが、鉄拳制裁でときどき顔が変形していたのは有名な話である。

その「愛のムチ」のおかげで、「俊敏な動きで捕手像を変えた」とまで言われた中尾孝義（82年中日優勝時のＭＶＰ）を外野に追いやった。一発長打も中村の魅力で、91年巨人戦で「代打満塁本塁打＆サヨナラ本塁打」をマークしている。中村は引退する05年まで通算21年１９５５試合もプロで活躍するのである。

90年にプロ入りした古田敦也（ヤクルト）が述懐していた。

「僕は肩にはそうとう自信があって、水面下で意中の球団には『指名してくれるんですか』と打診したことがありました。ただ、中日だけは強肩・中村がいたので、はなから志望していませんでした」

もっとも星野自身が「殴るのは中日時代を最後に封印した」と、17年に明大の同級生・北野武（ビートたけし）氏との対談で告白していた。

監督初年度の87年、宮下昌己が背中に死球を与えてクロマティが激怒、宮下の左アゴに右ストレートパンチを見舞うという殴打事件が勃発した。両チーム入り乱れての乱闘騒ぎの中で、星野が「世界の王貞治」監督に「接触」したのが、テレビ画面に大写しにされた。

一国一城の主として、「相手が誰であろうと臆することなく闘え」というメッセージは中日ナインにはっきりと伝わったはずだ。以後、星野にさらに「闘将」のイメージが定着した。

監督2年目の翌88年に初栄冠。

・MVP・最優秀救援／**郭源治**（44セーブポイント）
・最多勝／**小野和幸**（18勝＝平野謙との交換トレードで西武から加入）
・新人王・ゴールデングラブ賞／**立浪和義**（遊撃）

・最高出塁率／**落合博満**（．418）
・ゴールデングラブ賞／**彦野利勝**（外野）

「星野・中日」第２次政権の99年は、開幕11連勝の勢いでリーグ制覇を果たす。

・MVP／**野口茂樹**（19勝）
・最優秀中継ぎ／**岩瀬仁紀**（28リリーフポイント）
・ベストナイン／**ゴメス**（三塁）、**関川浩一**（外野）

96年「メーク・ドラマ」完結。「巨人よ優勝おめでとう」発言の真意

星野は、誤解されていることが多い。まず、96年長嶋茂雄監督（巨人）の「メーク・ドラマ」だ。

首位独走の広島を、巨人が逆転。最大11・５ゲーム差をひっくり返した。だが、巨人に優勝マジックが点灯してから、中日は最終盤に破竹の６連勝。96年10月６日、「ナゴヤ球場最後の公式戦」で、首位巨人を迎え撃つことになった（※10月６日を含め、巨人は残り２試合、

96年10月6日「メーク・ドラマ」

	1	2	3	4	5	6	7	8	9	R
巨人	0	1	3	0	0	0	0	1	0	5
中日	0	1	1	0	0	0	0	0	0	2

巨人＝宮本－木田－河野－水野－川口
中日＝門倉－落合 英－山本 昌－遠藤
本＝大森、マック（3ラン）、清水、矢野

中日は3試合）。

翌年から中日は「ナゴヤドーム」を本拠地にすることが決まっていた。ナゴヤ球場で有終の美を飾る願ってもないチャンスが訪れていたのだ。

しかし、結果は巨人が中日を5対2でくだし、2年ぶり優勝を果たす。94年の「10・8決戦（ナゴヤ球場）」に続き、中日はまたしても宿敵・巨人の後塵を拝した。

2度もライバル・巨人の胴上げを本拠地で見せられ、意気消沈して言葉も出ない中日ファン。対照的にお祭り騒ぎをするレフトスタンドの巨人ファン。

試合終了後、星野がレフトスタンドに向かって言った。

「巨人ファンの皆さん、優勝おめでとう！」

それを聞いたプロ野球関係者、中日ファン、野球ファンは一様に耳を疑った。違和感を禁じ得なかった。

勝ちがあれば負けもあるのが勝負事。だが、采配を振るった敗軍の将が、敵軍ファンを祝福したら、自軍兵士や応援を続けてきたファンはどう思うだろう。

しかし、実際は裏事情があった。その日は、ナゴヤ球場最後の公式戦。落胆する中日ファンと狂喜乱舞する巨人ファンを前に、誰もが興味を失っていた「ナゴヤ球場最後のセレモニー」を、中日監督として執り行わなくてはならない使命があった。

長嶋が描いた「メーク・ドラマ」のシナリオは、紆余曲折があったとはいえ完結した。川口和久が立浪和義を見逃し三振に斬って取って優勝を決めた瞬間、星野は腕組みをして、体を小刻みに震わせ、歯ぎしりをしていた。

五色のテープがナゴヤ球場に投げ込まれ、巨人ファンが陣取るレフトスタンドに向かって、巨人ナインが何度となく「万歳」を繰り返した。星野が愛した48年間の歴史を誇るナゴヤ球場で、最後に刻まれたのは「宿敵・巨人の長嶋の胴上げ」だったのだ。

「巨人ファンの皆さん、優勝おめでとう！」

そして、こう続けた。

「中日ファンの皆さん、来年ナゴヤドームで出直します。またお会いしましょう！」

敗軍の将が、残る気力を振り絞って語った立派な言葉ではないか。

あの星野が悔しくないはずがない。

星野5勝vs.野村3勝の直接対決。「強竜」から「猛虎」に変身

星野は自著の中で自らこう話している。

「私が怒るときは常に本気で怒る。叱るときは全身で叱る。自らの本心を隠したり抑えたりできないのは、私の長所でもあり、また、短所でもある。時には怒鳴り上げ、壁を蹴り、灰皿を投げつけて怒る。私くらい怒っていることが周囲に丸わかりの監督もいないだろう」

現役時代も監督時代も、「星野」イコール「中日」「打倒巨人」のイメージが定着していた。しかし、01年中日が5位に終わると、02年阪神の監督に就任する。

「中日が代名詞」の星野が、01年まで中日で采配を振るっておいて、翌02年からいきなり同一リーグの阪神の監督に転じるのは道義的にいかがなものか。そう思われたファンも少なからずいたのではないか。

しかし、それは私が推薦したのである。昔はそんなことがよくあった。73年まで阪急の監督を務めた西本幸雄さんは、阪急監督の座を上田利治に禅譲し、翌74年から近鉄の監督に就任した。

かくいう私も98年までヤクルト監督を務め、翌99年から阪神のユニフォームに袖を通した。ヤクルトの監督を辞めたときの私は、「これで野球から離れるのか」と、放心状態であった。しかし、「阪神が野村克也に監督就任を打診」のマスコミ報道があったとき、ヤクルト主力選手の古田敦也や池山隆寛はこう話していたそうだ。

「辞めていきなりライバルチームだよ。ノムさん、阪神の監督を引き受けるかな？」

「絶対引き受けるよ。だってノムさん、野球大好きだから」

しかし、私の結果は3年連続最下位。私が99年から01年まで阪神監督を務めた3年間、規定投球回数に到達した投手はほとんどいなかった。

94年新人王、96年から3年連続2ケタ勝利でエースと呼ばれた藪恵壹からして99年6勝、00年6勝、01年0勝。これでは3年連続最下位というのも、むべなるかな。

しかも、阪神は特殊な環境にあり、マスコミはミスをした選手のプレーを批判するのではなく、監督采配を批判する。マスコミに守られる選手は、「ぬるま湯」につかって、なかなか意識と体質が変わらない。

阪神監督を辞することになった私は、関西経済界の重鎮であった久万俊二郎オーナーに直訴、後任監督を推挙した。

星野監督と野村監督の直接対決戦績

90年	**星野**（中日4位）12勝－14勝　**野村**（ヤクルト5位）
91年	**星野**（中日2位）14勝－12勝　**野村**（ヤクルト3位）
96年	**星野**（中日2位）19勝－ 7勝　**野村**（ヤクルト4位）
97年	**星野**（中日6位）11勝－16勝　**野村**（ヤクルト1位）
98年	**星野**（中日2位）16勝－11勝　**野村**（ヤクルト4位）
99年	**星野**（中日1位）19勝－ 8勝　**野村**（阪神6位）
00年	**星野**（中日2位）16勝－11勝　**野村**（阪神6位）
01年	**星野**（中日5位）13勝－15勝　**野村**（阪神6位）
【8年合計】	星野120勝－94勝　勝率.561

「ぬるま湯につかったままではいけません。僭越ながら私は『考える野球』を導入したつもりです。次は熱血指導で選手を率いる監督が適当ではないですか。阪神を再生できるのは、西本幸雄さんか星野仙一、もはやこの2人しか存在しません」

西本さんは「ゲンコツ野球」と「歯に衣着せぬ発言」の人だったが、当時すでに81歳であった。

星野は私より12歳下。私の24年間の監督生活（選手兼任を含む）、星野の17年間の監督生活で、直接相まみえたのは計8シーズン。私は「ヤクルト監督・阪神監督」として、「中日・星野監督」と対戦する中で、星野の統率力を認めていた。

97年は私がヤクルトで優勝、99年は星野が中日で優勝を遂げている。直接対決は、8シーズンで星野の5勝3敗だ。当時の彼は、先述のように、闘志や気迫を前面に押し出した熱血指導の監督だった。

懐刀《ふところがたな》「もう一人の島野」の存在

しかも、星野には島野育夫がついていた。島野は私がプレイング・マネジャーを務める南海に、68年に中日から移籍。「考える野球」を学び、頭角を現した。

73年にはリードオフマンとして中堅手に定着、全130試合出場、141安打の打率・252、61盗塁をマークして、私の監督としての初のリーグ優勝に大いに貢献してくれた。73～75年に3年連続ダイヤモンドグラブ賞（現・ゴールデングラブ賞）に輝いている。

76年、江夏豊らとの複数交換トレードに伴い、江本孟紀らとともに南海から阪神に再移籍した。星野の中日入団が69年であり、星野より3歳上の島野は現役時代に彼と一緒にプレーすることはなかったが、コーチとしての島野は88年・99年「星野・中日」優勝の、言わば「懐刀」だった。

島野は「野球知識」だけの男ではなかった。中日に中心選手として在籍した落合博満もこう言う。

「島野コーチだけは選手の悩みをよく聞いてやっていた。選手と首脳陣との間の潤滑油になっていた」

02年、実は島野は中日2軍監督として中日に残留することが決定済みだったが、阪神新監督・星野のたっての願いで中日から譲り受けたそうだ。星野いわく、

「オレと島ちゃんの間は、どんな名刀でも切り裂くことはできない」

星野が中日入団時、「星と島を間違えたのではないか」という言葉があったが、「もう1人の島野」が星野を助けたのだ。

「星野・阪神」2年目の03年は、金本知憲（広島からFA宣言）、伊良部秀樹（米レンジャース）、下柳剛（日本ハム）を獲得。金本は全140試合、打率・289、19本塁打77打点。伊良部は13勝8敗、下柳は10勝5敗で「ベテラントリオ」が18年ぶりの優勝に貢献する。

星野は語ったそうだ。

「野村さんは『弱者が強者に勝つ野球』を推進したが、私は『弱者を強者にする野球』だ」

さて、私の阪神時代の代表的な教え子は、井川慶。私が監督時代の99年1勝、00年1勝、01年9勝（セ・リーグ最多28先発）。プロ4年目の井川慶を先発ローテーションに定着させた。

「井川よ。お前はどうも細かなコントロールに欠けるなぁ。何か得意にしていることはない

のか?」

「得意とかではないですが、趣味はダーツです」

「それだよ。ダーツのように、しっかりと狙いを定めて投げてみろ」

そうアドバイスしたら、コントロールが開眼して01年9勝。翌02年14勝、03年20勝5敗0セーブ、防御率2・80。最多勝、最優秀防御率、MVPとタイトルを総ナメにした。

当時のセ・リーグの「時代背景」を記しておこう。97年「野村・ヤクルト」優勝。98年は打ち出すと止まらない「マシンガン打線」と「大魔神」佐々木主浩を擁した横浜(権藤博監督)が38年ぶりにリーグ制覇。

以降、99年は中日(星野仙一監督)、00年は巨人(長嶋茂雄監督)、01年はヤクルト(若松勉監督)、02年はまた巨人(原辰徳監督)と、優勝チームが毎年変わる群雄割拠の時代。その中で取り残されていたのが広島と阪神だった。

阪神が03年に優勝し、「定位置」を脱したことで、02・03年の最下位は横浜(02年は森祇晶監督、03年は山下大輔監督)。山本浩二監督率いる広島が2年連続5位だった。

「マー君、神の子、不思議な子」

04年球界再編騒動が起きた。近鉄が経営不振のために球団を手離し、オリックスが近鉄を吸収合併。オリックスが「分配ドラフト」でまず欲しい選手を選択し、楽天にはそのふるいから洩れた選手、それ以外にも中日などから自由契約選手が加入した。

楽天は紛れもない「寄せ集め集団」だった。楽天1年目の田尾安志監督のチーム成績は136試合38勝97敗1分、勝率・281。普通、ペナントレースは勝率6割なら優勝できる。逆に最下位は勝率4割くらいが相場なのに、はるかにその下を行った。一時は「100敗するのではないか」という、それは物凄い負けっぷりであった。

私は楽天創設2年目の06年から監督を引き受けた。チームの勝利のために選手みんなが同じ方向を向いていればよかったが、各選手が出身球団のやり方でプレーするため、「ゼロからのスタート」と言うよりも、むしろ「マイナスからのスタート」であった。

口はばったいが、私の楽天時代の遺産は、07年入団の田中将大投手と、島基宏捕手だ。田中は高校生ドラフト1巡目で駒大苫小牧高から、嶋は大学・社会人ドラフト3巡目で国学院大から入団した。このバッテリー2人をとにかく鍛え上げた。

チームの根幹をなすポジションの正捕手に、1年目から嶋を抜擢し、「リードのエキス」をたっぷりと注入した。

「マー君」こと田中は甲子園の優勝投手。150キロのストレートとスライダーが武器だった。しばらくはファームで熟成させようと思ったが、1軍で投げられるような投手がいない。予定を前倒しして、高卒1年目から起用した。

「ストレートがいいから使ってみよう」というのが普通の投手だが、「スライダーがいいから使ってみよう」という不思議な投手であった。

また、失点しても味方打線の援護で黒星が消えるという意味でも、勝ち運がある不思議な投手。そこであのフレーズが私の口から飛び出した。

「マー君、神の子、不思議な子」

・07年28試合11勝7敗0セーブ、防御率3・82（チームは4位）
・08年25試合9勝7敗1セーブ、防御率3・49（チームは5位）
・09年25試合15勝6敗1セーブ、防御率2・33（チームは2位）

私と星野、何かと縁が深い。私が育てた選手が、少しでも星野の力となっていたら幸いだ。私の後を継いだブラウン監督の最下位のシーズンを挟んで、「星野・楽天」3年目に悲願のリーグ優勝を遂げるのである。

それにしても、13年楽天のチーム成績は82勝59敗で貯金23なのだが、田中の「24勝0敗」がなければ負け越しだった。

創設9年目の13年に優勝。楽天はなぜ強くなれたのか?

楽天は05年創設から13年優勝までの9年間で、チーム失策数リーグ最多が実に4度あった。08年はチーム打率リーグ最高（・272）でも順位は5位だったが、失策数が2番目に少なかった09年に2位躍進。僅差で守り勝つ「野村野球」の面目躍如だった。

そして失策数を最少にした13年、「星野・楽天」は悲願の初優勝を遂げた。

もう1つ。私の楽天監督時代は本塁打の少なさに伴う得点力不足を、得点圏に走者を進める「盗塁」で補おうと試みた。

「星野・楽天」も11年、12年の連続リーグ2位に見られるように盗塁を重視した。ところが、2年連続50盗塁以上の聖澤諒の盗塁数が21個に減ったとはいえ、13年は一気にリーグ最

【楽天創設9年間の各部門チーム成績】（○内はリーグでの順位）							
年度	監督	順位	打率	本塁打	盗塁	防御率	失策
05年	田尾	6位	.255⑤	88⑥	41⑥	5.67⑥	79⑥
06年	野村	6位	.258④	67⑥	75②	4.30⑥	94⑥
07年	野村	4位	.262③	111③	89④	4.31⑥	106⑥
08年	野村	5位	.272①	94⑤	101②	3.89③	90⑤
09年	野村	2位	.267③	108⑥	103④	4.01④	62②
10年	ブラウン	6位	.265⑥	95⑤	78⑤	3.98④	82⑥
11年	星野	5位	.245⑤	53⑤	130②	2.85③	76③
12年	星野	4位	.252④	52⑥	119②	2.99③	79③
13年	星野	1位	.267②	97③	62⑥	3.51②	63①

少のわずか62個である。

田中の24連勝とともに、優勝の最大要因としてもう一つ挙げられるのは、アンドリュー・ジョーンズ外野手（13年＝36歳。26本塁打94打点）を獲得したことにある。13年春のWBCでバレンティン外野手（ヤクルト）とともにベスト4オランダの中軸を任されていた。

ジョーンズは05年のメジャー本塁打王（51本）をはじめ通算434本塁打の実績は歴代来日外国人のトップ。05年は51本塁打128打点の二冠王。また通算1933安打、10年連続ゴールドグラブ賞。メジャー史上2人目の「3年連続20本20盗塁」をマークしている。まさに「ザ・メジャー」。

わかりやすく日本選手にたとえれば、全盛時代は秋山幸二（前・ソフトバンク監督）タイプの走攻守3拍子そろった選手。来日前年の12年にも名門ヤンキースで94試合14本塁打を放った。

だいぶ太って走力は衰えたとはいえ、星野も「現役バリバリ、凄いのが来るぞ」と大いに期待していた。年俸もメジャーの実績に見合う3億円（推定）。あんなに節約にうるさい球団がよく奮発したものだ。なぜ、ああいう選手を私のときに獲ってくれなかったのか（笑）。

楽天は12年チーム本塁打わずか52本。果たせるかな13年は、それをケーシー・マギー内野手（13年＝31歳。28本塁打93打点＝現・巨人）とともに外国人2人だけで上回る。13年のチーム本塁打97本中54本。チーム総打点593点のうち計187打点、実に32パーセントをこの2人が叩き出した。

打線の中心の四番・五番がドッシリと構えているため、危険を冒して盗塁を企てる必要がなくなった。打順は固定され、ひいては守るポジションも固定される好循環。

結果、規定打席数到達者は9年間で最多の7人。過去4度もリーグ最多失策だったのが、13年は最少失策で優勝。

捕手・嶋基宏、二塁・藤田一也がゴールデングラブ賞、中堅・聖澤は、658守備機会連続無失策のパ・リーグ記録（西武・小関竜也）を更新した。

楽天のチームカラーは「投手力を中心とした守り勝つ野球」へと変貌を遂げた。数字はあくまでも結果とはいえ、順位に如実に反映されている。

3球団で優勝、セ・パで日本一。あのドラフトから50年目の旅立ち

「66歳」での「リーグ優勝」「日本一」監督は、00年長嶋茂雄（巨人）の64歳を超えるプロ野球最年長記録である。

頭に白いものが目立つようになり、星野もだいぶ年輪を重ねた。日本シリーズのテレビ中継では、ダグアウト内で渋面を作り、何やら声を発する姿が映し出されたが、選手への接し方はだいぶ変わったようだ。

星野は投手出身だけに、投手心理を読んで育てるのがさすがにうまい。

則本昂大（三重中京大）の13年「新人開幕投手」はパ・リーグ55年ぶり。大学4年時の全日本大学野球選手権で大隣憲司（近大→ソフトバンク→ロッテ）、藤岡貴裕（東洋大→ロッテ）の持つ大会記録を更新する1試合20奪三振をマークしたそうだが、プロでいきなり15勝は立派だ。

こと日本シリーズに限っては、田中を凌ぐ投球内容だった。コントロールはいい。ここぞの場面、「原点」の外角低目でストライクを取れた。スライダーの切れも素晴らしかった。

3年目の美馬学はクライマックスシリーズ・ファイナルステージ対ロッテ第3戦で完封勝ち。一躍、田中、則本に続く「第3の男」に名乗りを上げた。日本シリーズ2勝のMVPを含め、ポストシーズンで無失点の快投。

日本シリーズ第5戦に先発した09年ドラフト6位の左腕・辛島航。強心臓を武器にプロ4年目の12年はプロ初勝利を含む8勝。ドラフト2位・釜田佳直は、13年は疲労骨折に泣いたが、高卒1年目の12年にいきなり7勝をマークしている。「好調選手は高卒新人でもすぐ使う」星野の面目躍如の選手起用だ。

リーグ制覇（9月26日）翌日、いろいろなスポーツ紙に、星野に対する選手の印象が掲載されていた。あの厳しさで鳴る星野が、選手に「優しい言葉をかけた」とも聞いている。

・美馬「あの球質、この球威。お前の球で何で打たれるんだ、って。ほめられたので自信を持って投げられました」

・則本「立派な成績だと、報道陣を通じ間接的にでもほめられて嬉しかった」

・藤田「打つほうはアマチュア以下だけど、お前の守備はチームに欠かせない、と言われ、期待にこたえようと思った」
・岡島「汚い安打でもいい、四球でも何でも塁に出てくれ、と言われました。自分のめざすべき役割の方向性がわかりました」

私は貧乏性の星の下に生まれているが、星野は「何か」を持っている。強い星の下に生まれているようだ。

３球団を優勝させたのは、三原脩さん（巨人・西鉄・大洋）、西本幸雄さん（大毎・阪急・近鉄）に続き３人目。またセ・パ両リーグで日本一になったのは水原茂さん（巨人・東映）、広岡達朗さん（ヤクルト・西武）に続き３人目。

星野は現役・監督時代を通じて日本シリーズに出場６度目、監督として４度目で初の日本一になった。

・選手時代＝74年ロッテ（**金田正一**監督）、82年西武（**広岡達朗**監督）
・監督時代＝88年西武（**森祇晶**監督＝１勝４敗）、99年ダイエー（**王貞治**監督＝１勝４敗）、

03年ソフトバンク（**王貞治**監督＝3勝4敗）、13年巨人（**原辰徳**監督＝4勝3敗）

星野いわく「これまではシーズン中に巨人と戦っていたためリーグ優勝で燃え尽きていたが、今回は日本シリーズで初めて巨人と対戦したので最高のボルテージで戦えた」。

68年秋のドラフトの雪辱を、実に45年ぶりに果たせたと言ったら言い過ぎだろうか。「仙一」とは、思えば仙台を日本一にするための名前だったのかもしれない。

そして、あのドラフトから奇しくもちょうど半世紀。星野は旅立った。いつの日か天国でバッテリーを組めるだろうか。合掌。

管理
タイプ

納得
タイプ

報酬
タイプ

情感
タイプ

実績
タイプ

第５章 ｜ 楽天時代

#09

王 貞治

選手でも監督でも「世界の王」。太陽を浴びる「向日葵《ひまわり》」采配

おう・さだはる
1940年生まれ／177センチ79キロ／左投げ左打ち／一塁手

選手時代	試合	2831	東京・早実高 ▶ 巨人（59〜80年＝現役22年）
	安打	2786	
	本塁打	868	
	打率	.301	
	打点	2170	
	盗塁	84	
監督時代	年数	19年	巨人（84〜88年） ダイエー・ソフトバンク（95〜08年）
	勝敗	2507試合1315勝1118敗	
	勝率	.540	
	優勝	リーグ優勝４度（日本一２度）	

野村克也は、監督時代は長嶋茂雄を、選手時代は王貞治をライバル視

私より5歳下の王貞治は、甲子園で2年春に優勝、2年夏はノーヒットノーランを達成、コントロールを安定させるために、ノーワインドアップ投法だった。打者として3年春は2試合連続本塁打で、日本全国に「早実に王貞治あり」を知らしめた。

長嶋茂雄入団の翌59年に巨人入団。「王」の中国語読みの「ワン」と、英語ONEを引っかけて「背番号1」。

「投手としては高校2年生時がピークだった」（王）

「投手での大成は厳しいだろうが、打者として素晴らしい資質を備えている」（水原）

本人も自覚していたように、巨人入団時は投手だったが、水原茂監督に投手失格の烙印を押されてすぐ打者に転向した。

長嶋の4三振同様、1年目のデビュー戦は金田正一（国鉄）から2三振とプロの洗礼を受けた。しかし、早実高の先輩・荒川博打撃コーチが就任したプロ4年目の62年に38本塁打、64年にシーズン55本塁打を放つ。皆さん御承知の通り、松井秀喜（巨人→ヤンキースほか）の背番号「55」は、この55本に由来している。

練習は、「天井から吊り下げた糸の先に付けた紙を日本刀で切る」というもの。巨人の中心選手・広岡達朗さんもエース・藤田元司さんも「冷やかし半分で練習を見に行ったが、最後は正座していた」そうだ。私も見せてもらったが、それはそれは厳しく鬼気迫る練習だった。

ただ、62年から始めた「(左足だけで立つ) フラミンゴ打法」はバットの出《で》を遅らせないための一つの打撃フォームにすぎず、荒川コーチも王自身もそんなに執着していなかったというから驚きだ。

川上哲治監督もこうアドバイスしたそうだ。

「そんな不安定な打ち方はやめて、両方の足で立って打ったらどうだ。君の力量なら打率４割も夢ではない」

あるとき私が銀座のバーで飲んでいたときのこと。

酒を一滴も飲めない私がなぜ銀座に通ったかって？ それが一流選手のステータスだったし、女を口説きに行ったのだ。「英雄色を好む」。英雄だったから色を好んだのではなくて、私の場合、先に色を好んで英雄になろうとした。なれなかったが（笑）。

閑話休題。王が連れを伴い３～４人で店に入ってきた。

「ノムさん、お久しぶりです」

「一緒にどう？」

「いいんですか」

「もちろんだよ」

宴もたけなわになった夜9時頃だったろうか。

「ノムさん、悪いけど、お先に失礼します」

「ワンちゃん、滅多にこんな機会はないんだから、ゆっくりして行けよ」

「いえ、素振りの練習があって。荒川コーチを待たせていますから」

「なんならオレが荒川さんに電話しようか。『今日だけ休ませてください』って」

それでも王は帰って行った。

（ああ、オレの打撃の記録は早晩、王に全部抜かれるだろうな）

そののち、王は文字通り「世界の本塁打王」となった。

王は向日葵、私は野に咲く月見草

「選手時代は王に負けたくない、監督時代は長嶋に負けたくない」

ご存知のように、私はＯＮを強烈にライバル視していた。王選手には本塁打争いで、同い年の長嶋監督に対しては巨人の巨大戦力に立ち向かった。

私の四半世紀を超える（27年間）現役ユニフォーム生活の中で一番記憶に残っているのが、63年の「シーズン最多本塁打52本」だ。65年の三冠王獲得ではない。それまでの「シーズン最多本塁打」の記録保持者は、50年小鶴誠さん（松竹ロビンス）の51本だった。

私は、あの年の最終試合の最終打席、難産の末にやっとのことで52本目を打った。実に13年ぶりの記録更新だった。

「これでもう10年くらい記録は破られないだろう」

そう思ったのもつかの間。翌64年に王が55本塁打を放ち、あっさり破られてしまった。私の記録は1年ともたなかった。

65年、私は山内一弘さん（大毎→当時、阪神）を抜いて通算本塁打数で日本一位になった。しかし73年、王がヒタヒタと間近に迫ってきて、シーズン中に抜きつ抜かれつのデッドヒートだった。それは当事者の王も意識していなかっただろう。知っていたのは私と宇佐美徹也さんだけだった。

最終的な通算本塁打は王が８６８本、私が６５７本である。

私より3学年上の宇佐美さんはパ・リーグ記録部員から報知新聞社に移籍し、「記録の神様」と呼ばれた人だ。

84年に福間納（阪神）が、稲尾和久（西鉄）の「シーズン78試合登板」という記録を破りそうになったとき、宇佐美さんは当時の安藤統男監督（阪神）に手紙を書いた。

「稲尾の61年78試合登板というのは、先発・抑えにフル回転でシーズン404イニングに投げ42勝（プロ野球記録）をあげた大記録です。中継ぎだけの福間を記録だけのために投げさせるのはいかがなものでしょうか」

福間は結局84年、77試合登板（119イニング）で終わっている（現在のプロ野球記録は07年阪神・久保田智之90試合108イニング）。

宇佐美さんは、パ・リーグ記録部員ということがあったのかもしれないが、珍しく「野村のファン」で、私をヒイキにしてくれた。

南海が東京遠征の際は、ときどき宿舎を訪ねて来た。私も記録好きで、データ野球（ID野球＝Ｉｍｐｏｒｔａｎｔ　Ｄａｔａ＝データ重視・活用）を標榜していたこともあって、妙にウマが合った。

「プロ野球選手ってデータをもっと活用してプレーすればいいのに、本当にもったいない」

「おっしゃる通りで」

「その点、野村さんは違うよね。わかっていますよ。ワンちゃんとの通算本塁打争い」

ＯＮの存在のおかげで、ねたみ、ひがみ。こういう性格が出来上がってしまった。内心「こんちくしょう」と思っていたのだが、私のことを分かってくれている人がいて、嬉しかった。

73年8月8日に王が通算563号を打って遂に私に並んだ。以降3週間「通算本塁打王争い」が続く。王に2本差をつけられたのは8月29日。73年終了時点で、通算本塁打数は王585本、私579本となった。

75年、私が王に次ぐ史上2人目の通算600本塁打を達成（後楽園球場）したとき、観客はわずか7000人であった。

同じホームランなのに王とどこが違うんだ。セ・リーグとパ・リーグの違いだけではないか。

そんなときフラッシュバックした。子供の頃、夕飯のときの母親との話。

「おかん、太陽が落ちて日が暮れているのに、あの花は綺麗に咲いているなぁ。不思議やなぁ」

「それはな、月見草といって、夜に咲く花なんだよ」

私の田舎・京都が産地だ。

（オレは生まれ故郷の、まさにあの月見草だな。一生懸命、綺麗に咲いているのに誰にもじっくりと見てもらえない）

それで、あの言葉が生まれた。

「王貞治と長嶋茂雄、ＯＮが太陽を浴びる向日葵ならば、私はひっそりと野に咲く月見草」

月見草人生。マスコミからも相手にされない。女子からも相手にされない（苦笑）。しかし、そういう劣等感の積み重ねが、私のエネルギー源になった。

「負けてたまるか！」

テスト生から日本一監督になった。日本海の田舎もんが大都会に出て来て努力し、花を咲かせ、結実したのだ。

「野球は記録のスポーツだ」とよく言われる。さらに「野球は筋書きのないドラマ」だ。ドラマとは、「主役」の光と「脇役」の陰、光と陰のコントラストを描く。私は王の前では脇役だった。次に掲げる記録は上が私のもの。

・試合＝　3017（2位）／1位　3021・**谷繁元信**（中日）
・打席＝1万1970（1位）／2位1万1866・**王　貞治**（巨人）
・安打＝　2901（2位）／1位　3085・**張本　勲**（ロッテ）
・本塁打＝　657（2位）／1位　868・**王　貞治**（巨人）
・打点＝　1988（2位）／1位　2170・**王　貞治**（巨人）
・犠飛＝　113（1位）／2位　105・**加藤秀司**（阪急）
・併殺打＝　378（1位）／2位　267・**衣笠祥雄**（広島）

密かな自慢だった通算出場試合数も谷繁元信（中日）に抜かれてしまった。あとは「選手3000試合&監督3000試合」が残っている。

打席はまだトップ。プロ野球選手として、日本で一番多く打席に立った。併殺打が多いということは、「強くて速い打球を打つ右打者」だという証明だ。犠飛を打つコツは、「高目の球を八分の力で反対方向に打つ」だ。

しかし、何より面白くないのが、私と王が熾烈な争いをした「シーズン最多本塁打」の記録保持者が、ウラディミール・バレンティン（ヤクルト＝13年60本）という助っ人だということ。プロ野球は日本の国技と言っても過言でないのに、外国人に破られてしまった。百歩譲って、現役バリバリのメジャー・リーガーに記録を塗り替えられるならいざ知らず、失礼ながらそうでもない外国人選手に60本も打たれるのだから、嘆かわしい。

これではいつまでたっても日本野球がメジャーに追いつかないわけだ。「日本の打者よ、奮起せよ。日本の投手よ、意地を見せろ」と声を大にして言いたい。

とはいえ、バレンティンはWBCオランダ代表四番打者であり、オランダ監督として指導しているのは、私のヤクルト監督時代の教え子ヘンスリー・ミューレン（95年29本塁打）だ。口はばったくて申し訳ないが、私の「配球を読んで打つ、考える野球」のDNAが、世界に息づいているのだろうか。

世界の本塁打王を封じる「傾向と対策」

王は、打者のタイプで言えばA型（「理想型」）だ。ストレートを待って変化球に対応する「来た球を打つ」タイプ。

「長距離打者への危険ゾーンは内角」「長距離打者には外角へ投げる」というのが常識。しかし王は内角を打つのが上手くない。

王の一番得意なコースは、真ん中から外角の甘いところ。外角中心の攻めをして、それが少しでも中へ入ると、「ガーン」と右中間スタンドへ放り込まれる。

だから王には「内角ストレート」はさすがにダメだが、内角カットボールを投げると、いい当たりをしても一塁側へのファウルになる。「得意なコースの近くに欠点はある」から、外角ボールゾーンから外角ストライクいっぱいのところにカーブ、シンカー、チェンジアップと落ちる変化球を配する。そうすれば引っかけて二塁ゴロ、遊ゴロで仕留められる。

かつて私と同期でバッテリーを組んだ皆川睦雄（南海）という投手がいた。その右サイドスロー投手がオープン戦で王に向かってカットボールを投げて自信をつかんだ。68年31勝を挙げて通算２００勝（通算７５９試合２２１勝１３９敗、防御率２・４２＝11年野球殿堂入り）。王が巨人監督のときに投手コーチを務めている（86～88年）。

「セ・リーグの投手諸君、捕手諸君。王への攻め方をよく見ておけよ。王はこうやって抑えるんだぞ」と言いたくなるほど、まさに鑑《かがみ》となる投球術を皆川は披露した。

通算本塁打数争いで私が王に抜かれた73年以降、夏のセ・パ対抗オールスター戦で王を27打数１安打０本塁打と抑え込んだ。捕手を務めたのは全部私。私の王に対する、せめてもの抵抗だった（笑）。

巨人監督時代の日本シリーズ、一塁走者・辻が中前安打で本塁生還

巨人は中畑清・篠塚利夫ら若手が育って80年3位。王はこの年限りでバットを置いた。私も現役を引退した。「ミスター・プロ野球」長嶋茂雄監督も退陣。一つの時代が終わった。

81年から巨人は藤田元司監督、王貞治助監督、牧野茂ヘッドコーチという「トロイカ体制」を採った。原辰徳をドラフト1位で運よく引き当てた。「若大将」の入団で、「長嶋解任ショック」は幾分か和らいだ。

81年に日本一達成（日本シリーズ相手は日本ハム）。83年の日本シリーズは「球界の盟主」巨人と、「新王者」西武との死闘だった。7試合中、3試合がサヨナラ試合（サヨナラ打／巨人＝中畑清、ヘクター・クルーズ。西武＝金森栄治）。

西武の監督は広岡達朗さん。巨人の中心選手ながら、最終的に追われるような形でユニフォームを脱いだ広岡さんは、「打倒巨人」にクールに燃えていた。

78年ヤクルトでヘッドコーチ・森昌彦（祇晶）を伴い、セ・リーグ内で「長嶋・巨人」を倒し、日本シリーズでは「上田利治・阪急」を破って、球団創設29年目で初の日本一の栄冠に輝いた。今度の83年はパ・リーグ側から打倒巨人を果たしたのである。

前述したが、34年に米大リーグのベーブ・ルースを迎え撃つために日本代表の「大日本東京野球倶楽部」が結成された。現在の巨人軍の前身だ。球団創設50周年の84年、指導者としての経験を積んだ王は、満を持して巨人第12代監督に就任した。

しかし84年、「50周年マーク」のワッペンを右袖に付けながら「王・巨人」は３位に終わった。「スタートフロムゼロ」をスローガンに掲げた古葉竹識（広島）が王の前に立ちはだかった。現在の16年・17年が「広島の第２期黄金時代」と言うならば、「第１期黄金時代」は昭和50年代であった。昭和50年・54年・55年・59年と、実に10年間で４度のリーグ優勝。「昭和50年代は広島の時代」を築く。

85年の阪神優勝は、槙原寛己から掛布雅之、ランディ・バース・岡田彰布の「バックスクリーン３連発」に象徴される。チームはその余勢を駆って、21年ぶりのリーグVを果たした。86年は広島が怒涛の追い上げで巨人を逆転して優勝。ＭＶＰは18勝４敗の北別府学であった。

王は打撃優先のチームづくりをしたため、やはりシーズンを通して勝ち続けるのは難しかった。王監督４年目の87年は、２年目の桑田真澄が15勝を挙げ、３割打者が篠塚利夫・吉村禎章・中畑清・原辰徳・クロマティの５人。王は悲願の優勝を遂げる。

しかし、日本シリーズでは「森祇晶・西武」に2勝4敗で敗れる。秋山幸二の中前安打を処理する中堅・クロマティの動作が緩慢なのを見て、一塁走者・辻発彦（現・西武監督）が本塁を陥れる「伝説の走塁」があった。清原和博が「巨人にドラフト指名されなかった悔しさ」を晴らし、涙したシリーズでもある。

88年は「星野・中日」が初優勝を果たした。

「王・巨人」は84年から3位、3位、2位、1位、2位。宿命づけられた日本一を果たせないまま、王は巨人のユニフォームを脱ぎ、89年からは「藤田・巨人」第2次政権となるのである。

衝撃の「生卵事件」を経て、26年ぶり悲願達成

私は77年の2位を最後に南海ホークスのプレイング・マネジャーを退いた。以来、ホークスは95年王監督就任まで17年連続Bクラスに沈む（チームは89年からダイエー、05年からソフトバンクが球団買収）。

元・西武監督だった根本陸夫が93年からダイエー監督、95年にフロント入りして選手補強に辣腕を振るった。根本さんがまず自ら監督を務め弱点を把握してからフロント入りし、選

手補強を行う手法は、西武時代と同じだった。

95年「王・ダイエー」誕生。同時に西武からＦＡで工藤公康・石毛宏典を補強、ドラフトで超高校級捕手の城島健司（別府大付高）を獲得。その前年の94年には複数トレードで秋山幸二を西武から引っぱっていた。

新人では93年オフのドラフトの小久保裕紀（青学大）に続き、96年オフのドラフトでは井口忠仁（資仁＝青学大）・松中信彦（新日鉄君津）・柴原洋（九州共立大）を指名。

しかし96年5月9日の対近鉄バファローズ戦で、とんでもない事件が勃発したのである。

その日は日生球場のプロ野球公式戦最後の試合。開幕から9勝21敗と例年同様、ホークスは低空飛行だった。78年以来、連続Ｂクラス低迷ということもあって、ホークスファンの我慢も限界に達していた。

この日は試合中から怒声が渦巻き、異様な雰囲気が充満していた。スタンドに陣取ったダイエーファンから「王辞めろ！」と体制批判の横断幕がいくつも掲げられていた。

そしてこの日も敗戦。王監督以下、選手が帰りのバスに乗り込むと、ホークスのふがいなさに怒って暴徒化したファンがバスを取り囲んだ。

「やる気がないなら、辞めちまえ！」

王監督めがけて、あろうことかバスの窓ガラスに生卵を投げつける蛮行に及んだのである。卵は約50個。バスは20分以上立ち往生。光景をテレビニュースで見たプロ野球関係者は目を疑い、言葉を失った。

「王さんに対して、何ということを……」

王の偉大さを知る選手たちには、はかりしれないほどショッキングな事件だった。だが、王は選手に言った。

「勝負の世界に生きているのだから、負ければこのくらいのことはある。我々が卵を投げ返すのは簡単だ。しかし、これがファンの総意と考えるなら、我々は勝つしかないんだ」

王は常にファンの目を意識し、大切にする人。現実を真正面から受け止め、ひと言も愚痴をこぼさなかった。その毅然たる態度を見て、みんな「思うもの」があったはずだ。

「勝負事は勝たなくてはならない」

「プロ野球選手のはしくれとして、王監督に恥をかかせてはならない」

「生卵事件」は、間違いなくダイエーナインの意識を劇的に変えるきっかけになった。自主練習の量が増えたのだ。翌97年は4位に終わったが、98年はAクラス3位に浮上。

球団社長になっていた根本さんは開幕前にこう言ったそうだ。

「選手諸君はまだ遠慮しているんではないか。みんな何を構えてしまっているんだ。王監督は今でこそ『世界の王』と呼ばれているが、もともとはラーメン屋のせがれだ。君たちと何も変わりはしない」

王も考え直したらしい。

「選手たちはオレの想像以上に監督の顔色をうかがっている。だからオレも難しい顔をせず、選手がのびのびプレーできるように心がけよう」

99年、根本さんは「切り札」として投手コーチに尾花高夫を招聘。

尾花は私がヤクルト監督就任直後のエースだった。私が「週刊朝日」で野球評論をしていた頃から記事をスクラップしていたらしいが、師弟関係になると、投球術に関していろいろ質問を浴びせてきたものだ。97年には「野村ヤクルト」の投手コーチとして日本一に大きく貢献してくれた。

尾花は、就任した球団のチーム防御率を翌年すぐに向上させ、それに伴いチームを早い段階で優勝させる投手指導の名伯楽だ。

「投手の四球は、野手で言うならエラーと同じだ。まず四球を減らさせる。コントロールがいいというのはストライクを投げるということではなく、ストライクとボールを投げ分ける

尾花投手コーチの手腕

ロッテ（**バレンタイン**監督）	94 年 4.50（5 位）→ 95 年 3.27（2 位）
ヤクルト（**野村克也**監督）	96 年 4.00（4 位）→ 97 年 3.26（優勝）
ダイエー（**王 貞治**監督）	98 年 4.02（3 位）→ 99 年 3.65（優勝）
巨人（**原辰徳**監督）	05 年 4.80（5 位）→ 06 年 3.65（4 位。07 年から 3 連覇）

ということだ。それが出来れば防御率は向上する」（尾花）

99年、球団創設11年目にしてダイエー悲願のリーグ優勝。日本シリーズも制した王は日本一の美酒に酔うのである。あの「生卵事件」から3年目の秋だった。

73年「野村・南海」から数えれば、実に26年ぶりに我が古巣・ホークスを勝たせてくれた。以後、「王・ダイエー」は常勝軍団へと変貌を遂げる。

王の「両リーグ優勝」は、三原脩、水原茂、広岡達朗、野村克也に続く5人目だ。

九州から東上。平成の「三原・水原」対決

前述したように、三原脩監督が49年を最後に巨人を去ると、後を継いだのは水原茂監督だった。三原さんは九州に下り、西鉄「野武士軍団」を育て上げ、東上。

「鉄腕」稲尾和久をエースに擁し、クリーンアップは豊田泰

【00年ダイエー・ベストオーダー】王貞治監督					
1(中)	▲柴原 洋	打率 .310⑧	7本	52点	10盗
2(左)	▲村松有人	打率 .259	1本	24点	11盗
3(指)	▲吉永幸一郎	打率 .256	9本	33点	0盗
4(三)	小久保裕紀	打率 .288	31本	105点	5盗
5(一)	▲松中信彦	打率 .312⑥	33本	106点	0盗
6(捕)	城島健司	打率 .310	9本	50点	10盗
7(右)	秋山幸二	打率 .262	5本	48点	2盗
8(二)	▲本間 満	打率 .261	0本	20点	3盗
9(遊)	鳥越裕介	打率 .243	4本	25点	3盗
先発	若田部健一	9勝11敗⑧	防4.43		
先発	永井智浩	9勝7敗	防5.20		
先発	田之上慶三郎	8勝4敗	防3.86		
中継	▲篠原貴行	9勝3敗2S	防3.18		
抑え	ペドラザ	3勝4敗35S	防2.15		

（注）▲は左打ち、または左投げ。打率または防御率の後ろの○内の数字はリーグでの順位（10位以内）。次頁の表についても同じ。

光・中西太・大下弘。日本シリーズで「水原茂・巨人」を相手に56年4勝2敗、57年4勝1分、58年3連敗4連勝と「雪辱」を果たすのである。

巨人を退団した王が九州から巨人に挑む姿は、その三原さんを彷彿とさせた。

しかも初のON頂上決戦は、20世紀最後のメモリアルイヤーということもあって、マスコミは騒ぎ、お祭りムードだった。しかし、喧騒とは裏腹に互いに言葉

【00年巨人・ベストオーダー】長嶋茂雄監督		
1(二)	仁志敏久	打率 .298⑩　20本　58点　11盗
2(左)	▲清水隆行	打率 .271　11本　46点　11盗
3(三)	江藤 智	打率 .256　32本　91点　7盗
4(中)	▲松井秀喜	打率 .316③　42本　108点　5盗
5(一)	清原和博	打率 .296　16本　54点　0盗
6(右)	▲高橋由伸	打率 .289　27本　74点　5盗
7(遊)	二岡智宏	打率 .265　10本　32点　9盗
8(捕)	村田真一	打率 .204　7本　34点　0盗
9(打)	マルティネス	打率 .288　17本　64点　0盗
先発	▲ダレル・メイ	12勝7敗　防2.95
先発	▲工藤公康	12勝5敗　防3.11⑤
先発	上原浩治	9勝7敗　防3.57
中継	▲岡島秀樹	5勝4敗7S　防3.11
抑え	槙原寛己	0勝1敗9S　防4.12

を控えていたON。王がやっと口を開いた。

「ONにはONにしかわからない、あうんの呼吸があるんだ」

戦前、あるダイエー主力選手はこう言った。

「巨人を見返すという王監督の秘めたる思いは伝わってきています」

結局2勝4敗で巨人に凱歌が上がる。

王はいいことも悪いことも過去は振り返らないそうだ。敗れはしたが、王の毅然とした姿を胸に刻んだナインは、その後、最強球団を築き上げていく。

00年両チームのベストオーダーをご覧あれ。99年11勝7敗で「王・ダイエー」優勝に貢献した工藤公康は、翌00年「長嶋・巨人」を優勝させていた。

WBC優勝。日本野球の顔「世界の王」再び

13年、王と同学年の親友・大鵬が亡くなったとき、王が弔辞を読んだ。

「日本人の好きなもののたとえに『巨人・大鵬・卵焼き』というのがありましたが、あなただけが個人で呼ばれた。いかに偉大だったか」

人の死を慈しむ、心のこもった惜別の弔辞だった。

大鵬も凄いが、王も凄い。王の現役時代、王の本塁打に元気と勇気を与えられた野球ファンも多いだろう。王は現役時代9250打数で868本塁打、単純計算で10・7打数に1本塁打だ。王の現役時代は毎晩のように巨人戦のナイター中継をやっていた。

「3試合に1度はテレビで王さんの本塁打が出たから、それを見てから勉強した」

そんなふうに子供の頃の原体験を語る野球記者も多い。

06年WBCベストナイン

MVP	**松坂大輔**（西武）
投手	**朴 賛浩**（パドレス）
捕手	**里崎智也**（ロッテ）
一塁手	**李 承燁**（巨人）
二塁手	**ユリエスキ・グリエル**（ガリョス）
三塁手	**ベルトレ**（マリナーズ）
遊撃手	**ジーター**（ヤンキース）
外野手	**イチロー**（マリナーズ）
外野手	**李 鐘範**（起亜）
外野手	**ケン・グリフィー・ジュニア**（レッズ）

06年第1回ワールド・ベースボール・クラシック（WBC）。日本は準決勝で韓国を「三度目の正直」で破り決勝進出。メジャー軍団・ドミニカ共和国を準決勝でくだしたアマチュア王国・キューバと対決し、10対6で倒して世界の頂点に立った。貫禄と人間的な大きな器は、選手としても監督としても日本野球の顔、「世界の王」であった。

大会ベストナインは上記の通り。

かたくなに打撃優先。03年驚異のチーム打率・297で日本一

世の中は「データ」野球全盛時代。コーチが鵜の目鷹の目でブロックサインの解

読を試みる。触った体の部位や順番と、実際に行われた作戦をいくつもメモしておき、照合して解読する。統計的に見たら、８回くらい出すサインのうち、最初と最後の３回ずつ、計6回はカムフラージュ。残り2回は、「キーポイント」と「実行する作戦」。

しかし、王はベンチの前列にいて、触るのは決まって上半身だけ。腕の３カ所、ベルト、胸、アゴ、帽子のツバ。にもかかわらず、全然わからなかったとコーチが嘆いていた。

（サインを盗めるものなら盗んでみろ。いや盗まれても、オレはこの作戦でいく）

そんなふうに王らしく、堂々とゆっくり体を触ってサインを出した。

「最高の監督？　オレは川上哲治さんだと思う。９連覇は川上さんでしか成し得なかった。勝利への執念はすさまじかった。オレがよく使わせてもらっている『一番勝ちたいのはオレなんだ』は、もともと川上さんの言葉なんだよ」（王）

野球の優勝に向いているのは「投手優先」のチームであって、「打撃優先」のそれではない。しかし王は、80年近鉄「猛牛打線」、85年阪神「猛虎打線」、01年近鉄「いてまえ打線」に並ぶ、球史に残る打撃のチームを作り上げ、日本一に輝いた。

「03年ダイエー打線」は、井口資仁・３４０、柴原洋・３３３、城島健司・３３０、村松有人・３２４、松中信彦・３２４。チーム打率は驚異の・２９７。１４０試合１５４本塁打。

1試合平均5・87得点を叩き出した。

さらに愛弟子の松中信彦を04年130試合171安打の打率・358、44本塁打120打点で三冠王に育て上げている。

（ソフトバンクから見て）

06年　**王**（ソフトバンク3位）12勝6敗2分　**野村**（楽天6位）

07年　**王**（ソフトバンク3位）10勝14敗　**野村**（楽天4位）

08年　**王**（ソフトバンク6位）12勝12敗　**野村**（楽天5位）

08年、ホークスは12年ぶり最下位。06年に胃を手術、体力的な理由で王はユニフォームを脱ぐことになった。

10月7日、Kスタ宮城での最終戦が最後の試合になった。花束は私が渡した。

巨人監督5年間でリーグ優勝1度、ホークス監督14年でリーグ優勝3度（さらに04年・05年は勝率1位＝クライマックスシリーズで敗れる）、日本一は99年と03年の2度だった。

「ワンちゃん、お疲れ様だったな」

「半世紀、50年間（59～08年）、一つの道にこれだけドップリつかって、心をときめかせることができました。68歳までやれたことはとても幸せ。いい野球人生でした」

「きょうはワンちゃんがユニフォームを脱ぐことに対しての涙雨やな」

「フフッ。ノムさん、僕に涙雨っていうのは似合わないですよ（笑）」

「ワンちゃんは、最後の最後まで向日葵やなぁ（笑）」

花束を持った後ろ姿、背番号は「89」（やきゅう）だった。

管理
タイプ

納得
タイプ

報酬
タイプ

情感
タイプ

実績
タイプ

第5章 | 楽天時代

#10

落合博満

ほめて「心」を鍛え、ノックで「体」を鍛え、「技」として昇華させた「オレ流采配」

おちあい・ひろみつ

1953年生まれ/177センチ82キロ/右投げ右打ち/一塁手・三塁手・二塁手

選手時代	試合	2236	秋田・秋田工高 ▶ 東洋大中退 ▶ 東芝府中 ▶ ロッテ(79〜86年) ▶ 中日(87年〜93年) ▶ 巨人(94〜96年) ▶ 日本ハム(97〜98年＝現役20年)
	安打	2371	
	本塁打	510	
	打率	.311	
	打点	1564	
	盗塁	65	
監督時代	年数	8年	中日(04〜11年)
	勝敗	1150試合629勝491敗	
	勝率	.562	
	優勝	リーグ優勝4度(日本一1度)	

打撃の達人。右打ちをさせたら、落合の右に出る者なし

昔ながらの体罰がある体育会系気質を嫌い、落合博満は高校野球部を実に7回も退部。実力があるからそのたびに同級生部員から説得され復帰、四番を任されたらしい。同じ理由で大学野球部も退部。

高校時代の恩師の口添えで入社した東芝府中を、創部23年目の都市対抗野球初出場に導く。同野球部はのちに名門となる。78年にはアマ全日本代表に、木田勇（日本鋼管→日本ハム＝落合より1歳下）、森繁和（住友金属→西武＝落合より1歳下）とともに選出された。中日時代にコンビを組む森とはここで一緒にプレーしたわけだ。

78年秋のドラフト会議で、巨人は「（前年度のドラフト指名期間が切れる）空白の一日」を利用して江川卓と契約。それが認められないのを不服とした巨人は、ドラフト会議をボイコット（出席放棄）した。

「長嶋・巨人」はドラフト2位で落合を指名する予定だった。落合は74年の長嶋茂雄の引退試合を見に行ったくらい、大の長嶋ファンだった。これも野球人生の運命の綾だ。

ドラフト3位で入団したロッテの当時の山内一弘監督（私より3歳上）は、本塁打王争い

で私のライバルだった人。現役時代は私と中西太さん（西鉄）と三つ巴で本塁打王を争った「打撃の職人」、引退後は「教え魔」「かっぱえびせん」（教え始めたら止まらないの意）の異名を取った。

山内さんの教えは高度だが、非常に個性的だ。感覚的な教え方は、合う人と合わない人がいる。落合は後者。

「ホースで水まきをするときの腕の使い方だ」（山内）

「私にはよく理解できないので、すみませんが、放っておいてください」（落合）

教えを辞退したそうだ。以後、山内さんは落合に対して「見守る」だけ。ただ、当時のロッテには手首の使い方がうまい土肥健二という選手がいて、落合は彼を参考にした。

また、南海時代に打撃コーチとして私を助けてくれた高畠康真がロッテの打撃コーチを務めていた。私の南海退団に伴い、78年に打者の柏原純一が日本ハム、投手の江夏豊とヘッドコーチのブレイザーが広島に移籍。そして打撃コーチの高畠は私とともにロッテへ。私はロッテを1年で退団して西武に移ったが、高畠はそのままロッテに残ったのだ。

落合は高畠から「球種を読む」方法を教わった。また、山内さんの後任、現役時代に私のライバルだった稲尾和久監督から「投手心理」を教わった。

現役時代は投手と正対するようにし、バットを自分の体の前で構えた。リラックスした状態から、神主が「おおぬさ」を振ってお祓いするがごとく投球をさばいた。打席では狙い球を絞っていたが、内角高目のストレートに振り遅れないような構えを考え出した。それがあの「神主打法」だった。

古田敦也（ヤクルト）は、捕手の立場で「軽くバットを振っているだけなのに、なぜ右方向に打球があんなに遠く飛んでいくのだろう」と感想をもらしていた。

落合は引退後、こう明かしている。

「自分は外角低目が苦手だった。内角球をライト方向に打つのは得意だったから、相手が『外角は打たれるから内角で勝負しよう』と勘違いしてくれたのは助かった」

「タメ」を作って打って、右打ちをさせたら落合の右に出る者はいなかった。通算500安打目、1000安打目、1500安打目、2000安打目をすべて本塁打で飾っているのは、節目の安打を狙ってスタンドインさせた達人技だ。

「敵の四番・落合」をヤクルトに誘う

落合は、私の三冠王の価値を下げた張本人だ（苦笑）。王貞治（巨人）やランディ・バース（阪神）も2年連続2度の三冠王を獲得したが、落合にいたっては2年連続を含む3度だ。

「落合はオレとは違うのぅ。オレがせっかく苦労して三冠王を1度だけ獲れたのに、3度も獲るしなぁ……。簡単に獲って、三冠王の価値を低めたんだ（笑）」

「本当は計5度獲る予定だったんですけどね（笑）」

87年に1対4（牛島和彦ほか）のトレードで、セ・リーグの「星野・中日」に移籍してきて、翌88年に中日を優勝させた。

90年からヤクルト監督に就任して優勝を狙う私の前に立ちはだかったのは、中日の四番打者である落合だ。落合は90年に本塁打王と打点王、91年に本塁打王を獲得。当然、中日との対戦では、ヤクルト投手陣が落合をいかに抑えるかに腐心したわけだ。

ヤクルトの打者は私の代名詞である「ＩＤ野球」を吸収することによって、投手の配球を読んで打つようになり急成長を遂げた。

91年は古田敦也（ヤクルト）と熾烈な首位打者バットマンレースを繰り広げた。古田を援護するために、終盤、直接対決で落合に「1試合6四球」（プロ野球記録）を与えてしまった。

落合は最終戦で6打数5安打、一時は古田を逆転したが、最後は古田が1打数1安打で再

「巨人・落合」の打撃成績

94年	129試合、125安打、打率.280、15本塁打、68打点
95年	117試合、124安打、打率.311、17本塁打、65打点
96年	106試合、113安打、打率.301、21本塁打、86打点

逆転（打率・340）。落合は「こんなレベルで争っている自分がわるい」と潔かった。

91年と93年に広沢克己が打点王を獲得。池山隆寛も本塁打を量産して、三冠王を狙う落合に各部門でプレッシャーをかけた。

92年に私は「野村・ヤクルト」としてセ・リーグ初優勝。93年も優勝してリーグ2連覇を達成する。93年は結果的に2位・中日に7ゲーム差をつけたのだが、優勝が決まるまでは中日との熾烈なマッチレース。ライバル中日を牽引したのが落合だったのである。

その93年を最後に、落合は巨人にFA移籍。落合は言った。

「74年の長嶋さんの引退試合を後楽園球場で観戦しました」

「私は長嶋茂雄監督を胴上げするために巨人に来ました」

20年来の「長嶋愛」を貫いた。有言実行で94年・96年の巨人優勝に貢献した。

94年は中日との最終決戦である「10・8」、96年は大逆転優勝を遂げた「メーク・ドラマ」である。

何より、注目される巨人にとって、自信満々、泰然自若の落合が打線の中軸にデンと座っているのが大きかった。松井秀喜の成長過程において、落合の存在は何物にも代えがたいものだったはずだ（落合＝通算20年２３７１安打５１０本塁打、松井秀喜＝日米通算20年２６４３安打５０７本塁打）。

落合は、96年8月31日に野口茂樹（中日）から左手首に死球を受け骨折、負傷退場。長嶋に日本シリーズ出場復帰を懇願されていたため、無理を押しての突貫工事で調整したが、チームはイチローを擁する「仰木彬・オリックス」に4敗1分で敗れた。

しかし、同96年オフに同じ一塁手の清原和博（西武）がFA移籍してきたために、落合は球団に自由契約を申し出る。

「長嶋さんが苦しむ姿を見たくない」

長嶋は複雑な心境だっただろう。

退団会見は、長嶋が同席のもとで行われるという異例のものになった。渡邉恒雄オーナーは、「落合君はまだ43歳。一般企業では部長にもなれない年齢だから、まだまだ頑張れる」といった旨のコメントを出した。落合の胸中はいかばかりだったか。

87年から96年まで落合のセ・リーグ在籍は10年。「中日四番打者（88年優勝）」「巨人四番打者（94年・96年優勝）」として、「ヤクルト監督・野村克也（92年・93年・95年優勝）」の前に立ちはだかった。

監督と選手という立場の違いはあったが、そのあたりが落合と私がお互いを認め合う理由の一つかもしれない。

落合と私の「野球人生の双曲線」がまじわりそうな機会もあった。ヤクルト四番打者のトーマス・オマリー一塁手（阪神→95年・96年ヤクルト）が、契約がまとまらず退団したのだ。96年オフ、落合の獲得交渉に私が出馬した。しかし、「プロ選手の価値は年俸での評価、契約条件で決まる」が身上の落合は、第1回目の交渉でいきなり「推定年俸3億円の2年契約」を提示した日本ハムを選んだ。

その後、私は98年までヤクルト監督を務めたあと、99年から01年まで阪神監督。落合は98年を最後に日本ハムで引退、選手生命を私と同じ45歳で終える。

04～11年のセ界「竜虎」の戦い。1年目落合、2年目岡田が勝ち名乗り

03年優勝後、星野仙一監督（阪神）が体調不良を理由に勇退。04年、代わって就任したのはかつての中心選手だった岡田彰布監督。同じタイミングで中日に招聘された落合は、キャ

ンプ初日に紅白戦を行うなど「オレ流」を貫き、就任初年度にリーグ制覇を果たす。それまでのキャンプは「初日の2月1日は顔見せ、ケガをしない程度の体慣らし」だった。

そのほかの順位は2位・ヤクルト（若松勉監督）、3位・巨人（堀内恒夫監督）、4位・阪神、5位・広島（山本浩二監督）、6位・横浜（山下大輔監督）。5・6位の2チームは浮上のきっかけをつかめず、02年から3年連続で同一順位となった。

05年は鉄壁のリリーフ陣「JFK」（ジェフ・ウイリアムズ、藤川球児、久保田智之）を擁した「岡田・阪神」が優勝。

牛島和彦新監督を迎えた横浜が3位に躍進した一方で、巨人は球団ワーストの80敗を喫して、79年以来の5位と低迷。堀内監督が辞任に追い込まれた。

93年以来の最下位に沈んだ広島も山本監督が辞任。4位・ヤクルトの若松監督も退任し、古田敦也がプレイング・マネジャー（選手兼任監督）を務めることになった。

06年から11年の6年間で優勝したのは2チームのみ。06年・10年・11年は「落合・中日」が、07～09年は「原・巨人」がペナントレースの頂点に立った。セ・リーグ3連覇は、65～73年にV9を達成した巨人以来。

「岡田・阪神」は08年、開幕ダッシュに成功して首位を独走したが、矢野燿大、新井貴浩、藤川球児の主力3人が北京五輪でチームを離れている間に失速。巨人は最大13ゲーム差をひっくり返して優勝。

「古田・ヤクルト」は就任初年度の06年こそ3位に入ったものの、翌年、86年以来の最下位に沈むと退任となった。

3年間登板なしの川崎を開幕投手、完全試合目前の山井は交代

落合が監督1年目の04年。

「1年間は補強を凍結し、現有戦力を10パーセント底上げして日本一を獲る」

有言実行でリーグ優勝を果たした。「いきなりの補強」を凍結したのは、選手個々の能力を信じていたし、自らの指揮によるチーム力の底上げに自信を持っていたからだろう。

この04年1月2日に、落合は川崎憲次郎に電話して4月2日の開幕投手に指名している。私のヤクルト監督時代にエース格として活躍した川崎は、中日に移籍してから右肩痛に苦しみ、3年間1軍登板がなかった。

投手起用に関して、落合は「右腕」の森繁和コーチに一任していたが、この1年目開幕投手だけは落合が決断した。森はさすがにあきれていたそうだ。

「長いペナントレースの中で『捨て試合』を作らなくてはいけないときもある。しかし、よりによって就任1年目の開幕戦から作るとは……」

川崎は2回で降板するが、チームは勝利。結果的に10月1日に優勝を果たす。

翌2日、落合は川崎に戦力外通告。3日、川崎の引退試合。川崎は1回表、かつての同僚・古田敦也、宮本慎也、岩村明憲を3者三振。同僚たちと熱い抱擁を交わし、両チームナインから胴上げされた。「巨人キラー」として鳴り物入りでFA移籍しながら「投げたいのに投げられなかった」つらい思いを中日ナインも理解していたのだろう。

落合は11年監督退団会見で、監督として一番印象に残った試合として、「開幕投手・川崎の監督第1戦」をあげている。

川崎自身、「シュートを覚えろ」と指示して98年に最多勝を獲らせた私、そして最後の花道を用意してくれた落合にとても感謝していた。『野村「ID野球」と落合「オレ流」野球』という本を出版しているくらいだ。

コーチ経験皆無の落合は、監督就任1年目での優勝をはじめ、在任8年間で4度のリーグ優勝。すべてAクラス入りという「中日黄金時代」を築き上げた。

07年は2位からクライマックスシリーズを勝ち上がり、53年ぶり日本一。奇しくも私がプロ入りした54年、「フォークボールの神様」杉下茂さんを擁して以来の日本一だった。

「野球観」も「選手育成法」も落合と私は似ていると感じる。

しかし、一つだけ解せないことがある。その07年の日本シリーズ第5戦（中日3勝1敗）で完全試合目前（8回表終了時まで86球、1対0でリード）だった山井大介を交代させたことだ。

「地位が人を作る」

私はそう考えている。山井が「日本シリーズ完全試合」の快挙を達成すれば、山井自身さらなる大きな成長を遂げ、ひいては中日、野球界発展のためになる。

落合は山井を交代させた理由をこう語っている。

「右手中指のマメをつぶして出血していたこと。右肩痛が再発して、日本シリーズ前のクライマックスシリーズでの登板を回避していたこと。記録やタイトルが選手を大きく成長させるし、プロ野球OBの立場としては山井の完全試合が見たかった。せめて3～4点リードしていれば、山井の記録達成挑戦にかけられたのだが、チーム53年ぶり日本一のために監督として最善の策を取った」

出場選手のコメントはこうだ。

谷繁「完全試合にあまりこだわっていなかった。それより早くアウト３つが欲しかった」
荒木「自分がエラーして完全試合が途切れたとしても、とにかく勝ちたかった」
山井「ここまで来られたのは守備陣のおかげ。セギノールの安打性の打球を難なくさばいた井端さんのファインプレーもあった。最後はいつも通り、岩瀬さんに任せるのがいいと思った」
森繁和投手コーチ「山井がマメをつぶした時点でリリーフを送る可能性が高かった。８回表終了後に山井に続投か交代か尋ねると、『岩瀬さんにお願いします』と降板を申し出たので継投に踏み切った」

私なら続投させるが、落合は日本シリーズで04年「伊東勤・西武」に３勝４敗、06年「ヒルマン・日本ハム」に１勝４敗、10年「西村徳文・ロッテ」に２勝４敗１分、11年「秋山幸二・ソフトバンク」に３勝４敗と後塵を拝している。
山井は、13年にＤｅＮＡ戦でノーヒットノーランを達成し、最多勝のタイトルも獲得するまでに成長。結果論だが、終わってみれば、あれでよかったのかもしれない。

球団保有の観点では「監督談話なし」には疑問符

注目度が低く、親会社に新聞社がなかったパ・リーグ出身の私は、「なんとかマスコミに取り上げてもらおう」と躍起になった。

楽天時代は試合後、球場通路で新聞記者の「囲み取材」を受け、勝っても負けてもボヤキまくった。そのうちに球団が「せっかくテレビカメラが回っているのだから」ということで、私の背後に楽天の広告ボードを置いた。するとテレビ局のスポーツニュースが勝手に『きょうのノムさん』なるコーナーを作ったのだ。

対照的に、落合は「優勝が最大のファンサービスだ。勝てばファンがついてくる」と語り、「監督談話」をほとんど出さなかった。

09年に「マスコミを使って選手にメッセージを伝えるのはやめた」(落合)。どうやら、取材のかたわらチーム事情を相手チームにバラす記者がいることに不信感を抱いたらしい。

新聞社・テレビ局・ラジオ局を合わせると「中日担当記者」「楽天担当記者」はたくさんいて、同じ会社の「中日担当記者」から「楽天担当記者」に中日情報が伝わり、それが試合前、楽天監督の私の耳に入ることも十分ありえる。

そもそも企業が「球団」を保有するには理由がある。プロ野球を「スポーツ・ビジネス」的に分類すると、「スポーツ・ツーリズム（観光）」「報道」の分野に属するのだ。

「観光」とは、景色を観て「食べる」「遊ぶ」「泊まる」旅行のこと。したがって「スポーツ・ツーリズム」とは、スポーツを観て「食べる」「遊ぶ」「泊まる」旅行なのだ。

ひと昔前のプロ野球チームの親会社は「鉄道会社」と「新聞社」が多かった。

鉄道会社は阪神・国鉄（現ＪＲ）・西鉄・近鉄・南海・阪急、新聞社は読売・中日・産経。鉄道会社は郊外の球場に連れて行って往復電車賃を稼ぎ、野球観戦はもちろん、隣接する遊園地で遊ばせ、食事を提供し、系列の宿に宿泊させて利益をあげる。別のわかりやすい例をあげると、「修学旅行野球観戦」がスポーツ・ツーリズムである。

もう一つ。スポーツは趣味娯楽である一方、「報道」の要素もあわせ持つ。

試合は映画やコンサートと違って「筋書きのないドラマ」であり、勝っても負けてもリピーターを呼ぶからこそビジネスとして成立する。そうなると「監督や選手の喜怒哀楽」のコメントを消費者は欲する。ファンという名の消費者は「あの出来事やプレーに関して、監督や選手はどう思っているのだろう」と知りたがる。

新聞社は、自社の新聞の「運動面」で自チームのことを多く取り上げる。親会社の新聞記者だけに喋るエピソードで売上を伸ばすのだ。

中日新聞社が中日球団を保有する観点から考えると、ユニフォームに「中日新聞社」の広告ロゴが貼ってあるのだし、もっと「監督談話」を出して読者を喜ばせ、親会社に貢献すべきだったという意見もあながち間違いとは言えないのだ。

ただ、「(1軍)出場選手登録抹消」の理由をマスコミに公表しなくなったのは、確か落合の提言ではなかったか。

これは正しい。理由を公表したら、選手の故障の具合によって、どのくらいで1軍復帰できるか推測できる。これは他チームが講じる対策に影響を及ぼす。どんな理由であっても抹消は抹消であって、自チームの裏事情を他チームにやすやすと与える必要はないのである。

落合と野村。表現は違えど、「野球観」と「育成法」が酷似

私はあくまでも野球主体で、「監督とは」「指導者とは」という野球本を多く出版している。一方、98年日本ハムを最後に20年間に及んだ現役生活を引退した落合は、01年に『コーチング』(ダイヤモンド社)というビジネス本を出版している。

共感する箇所がいくつかあった。その一つ。

「コーチは教えるものではない。見ているだけでいいのだ」

前出、「教え魔」山内一弘さんは落合に指摘されて以降、彼を見ているだけで特段指導しなかった。落合自身も実力をつけるに従い、山内さんがそのときに言っていたことが理解できるようになったそうだ。しかも、タイトル争いのときには、落合を休養させたりして、気を遣ってくれたらしく、落合は山内さんにとても感謝していた。

「山内さんの指導は的を射ていた。だが、ルーキーだった私は、その指導法を理解することができなかったのだ。それでも強制的に教え続けずに、じっと見守っていてくれた」

もう一つ。

「大切なのはほめること。『なんだ、そんなこともわからないのか』は上司の禁句だ」

三冠王３度の落合にほめられたら、打者はもちろん、投手だって嬉しい。やる気が出る。モチベーションが上がる。逆に、彼に「そんなこともわからないのか」と言われたら萎縮し、自信を喪失する。思えば、落合は自チームの選手を大事にし、たくさんほめていたものだ。選手掌握術に長けていた。

落合自身、プロ入り入団時、名球会（打者で日米通算２０００安打以上、投手で日米通算２００勝か２５０セーブ以上）の実力者に、打撃を酷評された。

「もし自分が通算２０００安打しても、絶対名球会に入るのはやめよう」と決意したらしい。

そして私と落合の共通項はまだある。ベテランを重用したことだ。私も落合も年をとってから移籍を味わい、ベテランの気持ちがよくわかる。同じ力量だとしたら、まだ先がある若手より、ベテランのほうが必死だからだ。

もう1冊。11年11月に落合が上梓した『采配』（ダイヤモンド社）。

11年、中日は首位ヤクルトに10ゲーム離される。9月22日に球団から「今シーズン限り」を発表されるが、10月18日に大逆転優勝。

「優勝してもクビ」は決定事項だったのだが、「プロは契約がすべてだから」とダグアウト内で悔しい感情を表に出さず、泰然自若として采配を振るう姿は、中日ファンならずともしびれたのではないか。

ちなみに契約は「ペナントレースまで」だったので、以降クライマックスシリーズ・日本シリーズは、「1日ごとの契約更新」だったらしい。

そんなとき出版された本。この本で印象に残った言葉は「ミスは叱らない。だが、手抜きは叱る」だ。

それにしても表現こそ違えど、私と落合の「野球観」と「育成方法」は酷似しているなと思う。だから気が合うのだろう。私も本書の冒頭（まえがき）で語った。

「ほめると叱るは同義語だ。感情で怒ってはならない」

落合は監督退任後に明かしていた。

「1イニングごとにベンチ裏に行っていたのはテレビに映っていたのかな？ 監督室に行って表情を変えたり、『あの野郎、あんな球を打ちやがって』とボソボソ言って、気分転換していたんだよ（笑）」

三冠王対談の結論「攻撃的な守備は最大の防御なり」

落合と「野球人生の双曲線」が交わったのは、その後である。落合が04年から11年まで中日監督。私は06年から09年まで楽天の監督を務めた。セ・パ交流戦の試合前、中日マネジャーが私を呼びに来るのである。

「野村監督、手前どもの落合が『野村監督とお話がしたい』と監督室で待っております。恐縮ですが、御足労を賜ってよろしいでしょうか」

「ああ、いいよ。何の用だい」

「私は存じません」

「どの監督が来ても挨拶しているのかな」

「いえ、野村監督だけでございます」

「新聞記者連中に見つかると面倒なので、球場内の通路を通って中日監督室まで御足労願えませんか」

豪華なる「ザ・三冠王対談」の幕開けだ。年齢差は18歳。


「ノムさん、お久しぶりです」

「落合は、何でオレと話したがるの」

「だってノムさんしか、野球わかる人いないでしょ」

「その分、記者にしゃべってあげなよ。記者もファンも監督の言葉を欲しがっている。少しはリップサービスしなさいよ。野球を教えてあげなきゃ。それも監督の仕事のうちだよ」

「勝つことが最大のファンサービスですから。それに、『落合・中日』とか、『野村・楽天』だとか、監督を前面に出して書かれるのがイヤなんです」

「だって監督はリーダーだから。先発投手や野手のスタメンを決めることからして監督の采配だから」

落合は、何かを「持っている」。ツキとか運とか。それに話していると、発想が実にユニークだ。打撃の技術に始まり采配に至るまで、野球のあらゆることについて2人で野球談義をした。行き着く先はいつも「監督の仕事」について。

「攻撃面」では得点圏にいかに走者を進めるか。1点取るのにどういう作戦を採ったら確率が高いか。何も犠牲バントで相手にアウトを1つ簡単にやることはない。盗塁できるのが一番いい。だから盗塁、ヒットエンドラン、バントの順。送ってしまえば、そこからあとはもう選手に任せる。打撃は水物。打撃には多くを期待しすぎてはいけない。

「守備面」での仕事はやはり継投。これが一番難しい。

「三冠王対談」でも、やはり野球で勝つには守りだという結論に達する。打撃は水物。「三冠王」を獲った2人が断言しているのだから間違いない。とにかく0点に抑えることに全精力を注ぎ込む。0点に抑えれば、少なくとも負けはしない。要するに「守って攻める」「攻撃的な守備は、最大の防御なり」ということだ。私と落合は野球観が似ている。共通項が多い。

打撃フォーム「重心バランスは前1、後ろ9」

野球談議の中で、「打撃フォームの重心バランス」の話になった。私も落合も、重心を「後ろ側」の足に残して打つ、いわゆる「軸回転打法」だ。中西太さん（西鉄）やイチロー（オリックスほか）の「体重移動打法」（ミートの瞬間、後ろ側の足を前側の足にくっ付けるようにして打つ）とは違う。

「ボールは、足、腰、手の順番で打ちに行く。バットを持つグリップを最後まで捕手方向に残しておくのがいい。投手側に『壁』を作っておいて、ワシは前方の左足と後方の右足の体重比率を3対7くらいの割合にした」

「オレは1対9の感覚ですよ」

「ワシは2軍のときに先輩によく言われた。『タメが出来たら金貯まる』って。よう忘れんわ、この言葉。つまり、球をしっかり手元まで引きつけるということやな」

「軸回転打法」は「体重移動打法」に比べ、体が前に突っ込まない分、緩急差への対応力が高い。速いストレートにタイミングを合わせておいても、遅い変化球に対応しやすい。タイムラグを自分のタイミングの中で埋められるのである。

それにしても「1対9」とは、体が前に突っ込むことに、落合はよほど注意していたということだ。タメができるから、あれだけ打てたのだろう。先述したが、「タメ」を作って打つ落合、右打ちをさせたら落合の右に出る者はいなかった。

「落合、なんであんな好素材の選手を放出したんや？」

楽天初の日本人首位打者になった（土谷）鉄平の近況報告もよくした。遠投110メートル、50メートル走5秒9（高校通算32本塁打）。01年中日入団（ドラフト5位）、遊撃手から外野手に転向。06年楽天移籍、そのシーズン打率3割。移籍4年目の09年に首位打者のタイトルを獲得。

鉄平の出身の津久見高といえば、大分県で文武両道を掲げる学校として有名だ。古くは高橋直樹（日本ハムほか＝68～86年、通算169勝。83年最高勝率）、大田卓司（西鉄・西武＝69～86年、通算923安打171本塁打。83年日本シリーズMVP）、川崎憲次郎（ヤクルト→中日＝89～04年、通算88勝。93年日本シリーズMVP、98年最多勝・沢村賞）を輩出した。

中日は04年に落合が監督就任、以来11年までの8年間にリーグ優勝4度。

当時の内野陣は遊撃手・井端弘和（ゴールデングラブ賞7度、ベストナイン5度）をはじめ、二塁手・荒木雅博、三塁手・立浪和義、外野手も福留孝介、井上一樹、もう1人は外国人選手で固定されつつあった。代打では森野将彦が台頭するなど、鉄平と同じ左の好打者も多かった。

落合は自らも移籍が多かった経験からトレード賛成論者であり、出番の少ない選手の出場機会を増やすため、球団創設2年目の楽天に鉄平を金銭トレードした。

06年、セ・パ交流戦の中日戦で鉄平が意地の1試合4安打を放ち、落合監督に「お前をトレードに出した甲斐があった」と言わしめた。

その06年に打率・303でブレイク（パ・リーグ9位）。その後、09年には首位打者を獲得するまでに成長する（132試合、162安打の打率・327、12本塁打、76打点、13盗塁。13三塁打＝パ・リーグ1位。翌10年打率・318は6位）。

08年にリック・ショート外野手が首位打者になっていたが、日本人選手ではチーム初の快挙だった。

センターラインの重要性。圧倒的打撃チーム優勝は過去わずか4度

野球というのは投手有利のスポーツだ。1対1の勝負ではない。投手1人に対して打者9

人が攻略にいく。それだけ投手に力があるということだ。

長さ約85センチ（34～35インチ）のバットの芯は約７センチ弱。球の直径は７センチ強。しかも、丸いバットと丸い球のぶつかり合い。どう考えても打撃は難しい。

フェアゾーン90度の中に入れ、しかも野手のいないところに打たねばならない。塁間の長さなどの条件も絡まり合い、打率は良くて３割～３割５分、そのあたりの数字に落ち着くのだろう。３割成功して一流なんて仕事が、他のどこを探してあろうか。

裏返せば、投手は７割～６割５分の成功率。どんな優秀な打者よりも、投手のほうが上。内野手は実に９割８分の守備率でアウトにできる。

通算７１４本塁打のベーブ・ルース[※8]以上だという評価もある「最後の４割打者」テッド・ウィリアムズ[※9]の、けだし名言がある。

「プロスポーツで一番難しいのはバッティングだ」

※８　通算２８７３安打、打率・３４２、７１４本塁打。
※９　通算２６５４安打、打率・３４４、５２１本塁打。三冠王２度。41年打率・４０６。

また、「センターライン」（捕手－遊撃手または二塁手－中堅手）の堅固なチームは強いと言われる。そこに飛んだ打球にはファウルがないため、守備力が高ければそれだけアウトにできる可能性は大きいからだ。

【川上・巨人（61年から14年間で11度優勝）】
森昌彦捕手－**土井正三**二塁手－**柴田勲**中堅手
【西本&上田・阪急（72年から7年間で5度優勝）】
種茂雅之捕手－**大橋穣**遊撃手－**福本豊**中堅手
【森・西武（86年から9年間で8度優勝）】
伊東勤捕手－**石毛宏典**遊撃手（**辻発彦**二塁手）－**秋山幸二**中堅手
【野村・ヤクルト（90年から9年間で4度優勝）】
古田敦也捕手－**宮本慎也**遊撃手（**池山隆寛**遊撃手）－**飯田哲也**中堅手

センターラインが強固なチームは黄金時代を築ける。対照的に、私がいた南海が優勝した73年以降、少なくともここ40年余り、「圧倒的な打線優位」で優勝したのは4チームくらいのものだ。

【80年西本・近鉄「猛牛打線」】
（**チャーリー・マニエル**48本、**羽田耕一**30本、**栗橋茂**28本、**平野光泰**23本。130試合計239本塁打、チーム打率・290、1試合平均6・08得点）

【85年吉田・阪神「猛虎打線」】
（**ランディ・バース**54本、**掛布雅之**40本、**岡田彰布**35本、**真弓明信**34本。130試合計219本塁打、チーム打率・285、1試合平均5・62得点）

【01年梨田・近鉄「いてまえ打線」】
（**タフィ・ローズ**55本、**中村紀洋**46本、**吉岡雄二**26本。140試合計211本塁打、チーム打率・280、1試合平均5・50得点）

【03年王・ダイエー打線】
（**井口資仁**・340、**柴原洋**・333、**城島健司**・330、**村松有人**・324、**松中信彦**・324。140試合154本塁打、チーム打率・297、1試合平均5・87得点）

中日・落合監督時のチーム順位とゴールデングラブ受賞者

	投手	捕手	一塁	二塁	三塁	遊撃	外野
	川上		渡辺博	荒木		井端	アレックス 英智
				荒木		井端	福留
	川上	谷繁		荒木		井端	福留
	川上	谷繁		荒木	中村紀	井端	
				荒木	中村紀	井端	
		谷繁		荒木		井端	
	浅尾	谷繁					大島

落合V4すべて防御率トップ、8年間Gグラブ延べ28人

「落合、どうだい今年の中日は？　毎年、春のキャンプで6勤1休、朝から晩まで中日はよく練習するのう。シーズン途中でバテないかい？」

「野球選手が練習しない風潮を作ったのは、半分はノムさんのせいですよ」

「どういうこっちゃ？」

「『ID野球』や『考える野球』を導入して、周囲に礼賛されることにより、選手は身体を鍛えるより、『頭デッカチ』になってしまった」

「野球は考えるスポーツだろ」

「もちろん考えるのはいいんですけど、逆にバテないようにキャンプから鍛えるんです。それに選手の体がすぐ反応

	チーム順位／チーム防御率順位	
04年	1位／1位	
05年	2位／4位	
06年	1位／1位	
07年	2位／3位	
08年	3位／3位	
09年	2位／2位	
10年	1位／1位	
11年	1位／1位	

するようにさせたくて」

体で覚えるというのは、打撃より守備のほうかもしれない。

落合は「谷繁・アラ・イバ（荒木雅博、井端弘和）」のセンターラインを中心とした守備陣を強化すべく、キャンプで自らノックバットを握って鍛え上げた。

落合のノックでの「狙い打ち」は凄かった。

選手の練習中、グラウンド内で談笑する記者を狙い打ちする。最初は2メートル離れたところ、次は1メートル50センチ、その次は1メートル……。

「おい、そこでボケッと話していたら危ないんだよ。わからないのか」

そんな卓越した狙い打ちで、選手の捕れそうで捕れないところにノックを放つ。

落合は04年から11年までの8年間で4度のリーグ優勝、日本一1度。その間、目立たなくても「センターライン」（捕手－二遊間－中堅手）がしっかりしている。

私も落合も「打撃は難しいもの」ということを身をもって知っている。だから打者に無理強いはしない。確率の低いものに頼ることはしない。確率の高いものから勝利に結びつけていくのだ。

原理は簡単。野球は「点取りゲームなのか」「点をやらないスポーツなのか」。我々の考えは後者だ。10点取っても11点取られれば負け。だが、1点もやらなければ、100パーセント負けはしない。

ならば、点をやらないためにはどうすればいいか。それは投手力を含めた守備力の整備なのだ。

特に落合が監督就任1年目の04年、138試合5186守備機会で45失策。長い歴史の中でチーム守備率・991というセ・リーグ記録を樹立している。

巨人は、04年プロ野球記録のチーム259本塁打、10年同3位の226本塁打と打ちまくったが、いずれも順位は3位。皮肉にも打つだけでは勝てないことの証明だ。

逆に中日は10年のチーム打率（・259）はリーグ5位、11年のチーム打率は同最下位（・228）でも2連覇。

「投手力を含めた守備力」――落合の思いは如実に結果に現れている。

監督在任8年間（04～11年）すべてAクラス、うち4度優勝。その4度の優勝すべてがチーム防御率1位。残りの4シーズンでも「チーム順位」と「チーム防御率の順位」とが連動

【過去、谷繁が受け、タイトル等を獲らせた投手】
・「最優秀防御率」＝92年**盛田幸妃**（大洋）、09年**チェン・ウェイン**（中日）、11年**吉見一起**（中日）。
・「最多勝」＝93年**野村弘樹**（横浜）、04年・06年**川上憲伸**（中日）、09年・11年**吉見一起**（中日）、14年**山井大介**（中日）。
・「ノーヒットノーラン」＝02年**川上憲伸**（中日）、06年**山本 昌**（中日）、07年**山井大介**－**岩瀬仁紀**（日本シリーズ）、13年**山井大介**（中日）の最多４度（４度は他にパシフィック・**佐竹一雄**、西鉄・**和田博実**）。

するのだ。

また、02年に横浜から移籍した谷繁元信のリードが中日の投手王国を作り上げてきた。厳しい落合博満（中日GM）が後継者の監督として谷繁を指名したのも、ある意味当然かもしれない。

選手の「心」と「体」は連動している。彼らはいわば心のあり様を「技」として体現する。

落合という「実績抜群」「泰然自若」の指揮官が、ほめることで「選手の心」を刺激し、さらに自らのノックで「選手の体」を鍛え上げた。それらが「選手の技」へと昇華し、監督在任8年間すべてAクラス、4度のリーグ制覇、球団53年ぶり日本一という栄光につながった。それが落合の「オレ流」采配なのだ。

管理
タイプ

納得
タイプ

報酬
タイプ

情感
タイプ

実績
タイプ

第6章 | 特別編

#11

野村克也

「データ」と「言葉」を武器にして、コンバートとトレードで「適材適所」を探る

のむら・かつや

1935年生まれ／175センチ85キロ／右投げ右打ち／捕手

選手時代	試合	3017	京都・峰山高 ▶ 南海（54〜77年）▶ ロッテ（78年）▶ 西武（79〜80年＝現役27年）
	安打	2901	
	本塁打	657	
	打率	.277	
	打点	1988	
	盗塁	117	
監督時代	年数	24年	南海（70〜77年） ヤクルト（90〜98年） 阪神（99〜01年） 楽天（06〜09年）
	勝敗	3204試合1565勝1563敗	
	勝率	.500	
	優勝	リーグ優勝5度（日本一3度）	

「実力の世界」ではなく「学歴社会」だったプロ野球

「プロ野球は実力の世界」とは名ばかりで、１９６０年代中盤頃まで、監督はみな大学出という学歴社会が実情だった。高校出の監督は「野球の神様」とうたわれた川上哲治監督（巨人）くらいのものだった。

プロ野球選手は30代に突入する頃から少しずつ引退のことが頭をよぎる。私は30歳の65年に戦後初、史上２人目の三冠王を獲得した（１人目は巨人・中島治康）のだが、やはり監督にはなれないだろうとあきらめていた。

「監督になれないのだから、絶対誰にも負けない野球評論家になってやろう」

「引退後の野球評論家への道筋をつける絶好のＰＲの場にしよう」

だから優勝を逃した年の秋には、日本シリーズの「テレビやラジオのゲスト解説」「スポーツ紙の評論原稿」というアルバイトに積極的に挑戦した。

南海は長期政権だった鶴岡一人監督が勇退、後継者の蔭山和夫監督が急逝、飯田徳治監督は最下位により、わずか1年で引責辞任。

そんな69年オフ、南海の川勝傳オーナーがテスト生上がりの私を監督に指名してくれた。

「監督をやれということは選手を辞めろということですか。まだ34歳。捕手として脂が乗っている時期です」

「両方やってくれ」

「プロ野球の計はキャンプにあり。その大事なキャンプで、選手業をやっていたら監督業がおろそかになる。監督業をやっていたら選手業が手につかない。無理です」

「このチームを立て直すのはもう君しかいない」

――「監督・野村克也」。夢にも思わなかったポスト。ある意味、非常に光栄だ。そこまで高い評価をされている。

「1つ条件があります。選手としてプレーしているときに、ベンチに責任者がいないと困ります。いいヘッドコーチを付けてください。ドン・ブレイザーをお願いします」

ブレイザーは選手として来日し、日本に「ベースボール・レボリューション（野球革命）」をもたらしていた。

こうして私は70年から77年まで南海にてプレイング・マネジャー（選手兼任監督）を務めることになる。その後、「生涯一捕手」として78年ロッテ、79年・80年西武で再び選手生活を送った。

「野球の真髄」再び

現役引退後は野球評論家生活に入った。当時はバブル時代で、世は講演ブーム。結構な講演料を頂戴できた。かといって何を話したらいいかわからない。そんなとき、女房（故・沙知代夫人）がたまたま草柳大蔵夫人と面識があり、草柳氏を紹介された。

「野村さん、本を読みなさい。そして講演の内容は、専門の野球のことだけにしなさい」

政財界リーダーのバイブルである『活眼 活学』（著・安岡正篤）を薦められた。81年から89年までの9年間、私は読書に精を出した。

『孫子』を貪るようにして読んだ。中国戦国時代から伝わる兵法書だ。「彼を知り、己を知れば、百戦あやうからず」は、まさに投手と打者の関係。敵を知って己を知って初めて、戦術、戦略が生まれる。

テレビ解説では、ストライクゾーンを縦横に9分割し、捕手の視点から「バッテリーの配球」を予想した。人呼んで『野村スコープ』。これが大好評だった。

「いまボールカウントはこうですから、投手は次にあそこにこんな球種を投げて、最後はこの球で打ち取るでしょう」

努力していれば、見てくれている人は、必ずどこかに存在するものだ。ヤクルト・相馬和夫球団社長。荒木大輔ら人気選手をドラフト会議でことごとく引き当て、「黄金の左手」の異名を取った人物だ。ある日突然、私の自宅を訪問してきた。

「来年から我がチームの監督をやっていただこうと思い、お願いにうかがいました」

「私はパ・リーグ育ちです」

「野村さんの野球解説を見聞きして、『これが本物の野球だな』と、いつも感心していました。ヤクルトの選手に『野球の真髄』を教えてやってください」

「承知しました。1年目に種をまき、2年目に水をやり、3年目に花を咲かせてみせましょう」

1年目、「監督の分身」である捕手・古田敦也に、自軍の攻撃そっちのけで試合中に懇々と指導した。1年目の勝利をなかば度外視した、まさに「3年計画」。青写真通りになった。

監督の条件、監督の器

私の考える「監督の条件」は「信は万物の基を成す」という一言。つまり、信頼である。やはり「大将」として、「長」として、選手からどれだけ信頼されるか。「信頼」「信用」をどう勝ち取るか。

言葉にするのは簡単だが、現実には難しく大変なことだ。一日一日の積み重ねで、何年もかかる。一方、失うのはほんの一瞬だ。

また「監督の器」には、「人望」「野球の知識」「現役時代の実績」「タレント性」「度量」の要素が挙げられる。「組織は、リーダーの器以上に育たない」が私の持論である。だからこそ常に自分を磨かなくてはならない。

仕事に慣れる20代後半、指揮官の影響を大きく受ける

サラリーマンは上司を選べない。しかし、サラリーマンでも選手でも、自分が仕事に慣れてきた20代（特に20代後半）の頃の上司の影響を大きく受けるように思う。

長嶋茂雄監督は立大時代、砂押邦信監督に「月夜の千本ノック」で鍛えられた。彼自身も巨人監督時代の79年に「地獄の秋季伊東キャンプ」で中畑清や松本匡史らを鍛え上げ、それが81年の優勝につながった。

森祇晶監督（西武）の現役時代は、川上哲治監督（巨人）の「石橋を叩いて渡る」采配。星野仙一監督（中日）は、明大時代の島岡吉郎監督の「人間力」。仰木彬監督（近鉄・オリ

ックス）は、三原脩監督（西鉄）の「魔術・マジック」に多大な影響を受けている。

私・野村の現役時代は鶴岡一人監督だったが、似ているところは「選手への接し方」だ。「二流は無視、一軍は賞賛、超一流は非難」。超一流は勘違いしないように、常に緊張感を持たせた。また「選手をほめるときはマスコミ経由」というところを参考にした。

一方で「反面教師」もありうる。鶴岡野球は、「精神野球」「軍隊野球」の最たるものだった。また、すべてが「結果論」に終始した。勝てば喜び、負ければ怒るだけで原因を追究しない。

私はそんな野球をしたくなかった。プロとして技術的に上手くなりたかった。だから南海を「精神野球」から「考える野球」に変貌させていったのだ。

【監督就任の経緯】

（1）選手時代の実績の「論功行賞」的な就任――多数

（2）名選手、必ずしも名監督にあらず――多数

（3）監督よりも、参謀やコーチとしての適性がある――**ブレイザー・尾花高夫・青田昇・山内一弘・中西太**

（4）コーチの実績で監督に――**仰木彬・上田利治・伊原春樹**
（5）外国人監督――**ルーツ・バレンタイン・ヒルマン**
（6）コーチを経ないで、即監督――**落合博満・栗山英樹・井口資仁**

右記の「監督就任の経緯」を説明する。
（1）監督就任にあたっては、選手時代に多大な実績を残しての「論功行賞」が当然ながら最も多い。
（2）これも今さら敢えて説明する必要もないだろう。一方、名選手であっても現役時代にあまりに自分勝手なプレーをしたり、奔放な言動だったため、球団フロントから監督就任の打診がないままの人もいる。
（3）川上哲治監督に牧野茂さん、鶴岡一人監督に蔭山和夫さん、星野仙一監督に島野育夫。要するに「選手を起用・統率する能力」（監督）と、「選手に技術や知識を伝える能力」（参謀）は別物だということだ。
したがって当然、監督よりも、むしろ参謀やコーチとしてのほうが類まれな手腕を発揮するという例もある。青田昇さん・中西太さん・山内一弘さんが名伯楽として数多の好打者を育成し、尾花高夫は多くの投手にタイトルを獲らせた。

私が南海監督時代にヘッドコーチを務めてくれたブレイザーも、監督よりも参謀タイプだった（阪神監督79年4位・80年5位、南海監督81年5位・82年6位）。

例外は森昌彦（祇晶）か。ヘッドコーチ（ヤクルト・西武）としても監督（西武）としても実績を残した。
（5）外国人監督を据えるのはいい傾向とは思っていない。最大の理由は言葉の問題。サッカーは監督の首を替えれば早く結果が出るようだが、野球はそうはいかない。野球は間《ま》を大事にするスポーツである。前の監督の「色」を消す意味合いもあって、外国人監督を意図的に起用する場合もある。
それでも、ジョー・ルーツ（→古葉＝75年広島）、ボビー・バレンタイン（05年ロッテ）、トレイ・ヒルマン（06年・07年日本ハム）は、チームを優勝に導いて結果を出した。

2018年、12球団監督の現役時代の守備位置は？

セ・リーグ監督を17年の成績順に列挙すると、広島・緒方耕市（外野）、阪神・金本知憲（外野）、ＤｅＮＡ・ラミレス（外野）、巨人・高橋由伸（外野）、中日・森繁和（投手）、ヤクルト・小川淳司（外野）。

同様にパ・リーグ監督は、ソフトバンク・工藤公康（投手）、西武・辻発彦（二塁）、楽天・梨田昌崇（捕手）、オリックス・福良淳一（二塁）、日本ハム・栗山英樹（内野→外野）、ロッテ・井口資仁（二塁）。

驚くなかれ、セ・リーグの監督のほとんどが外野手出身。こんなことも珍しい。

1973年まで巨人の9連覇。翌74年から以降2017年まで44年間。捕手出身の監督が13度、遊撃手出身の監督が9度、投手出身の監督が8度日本一に輝いている。

プロ野球80年の歴史で、日本一になった外野手出身の監督は、01年若松勉（ヤクルト）と、11年・14年の秋山幸二（ソフトバンク）、16年の栗山英樹（日本ハム）しかいない。若松と栗山は私（捕手）の、秋山は西武時代に広岡達朗監督（遊撃手）や森祇晶監督（捕手）の薫陶を受けている。

05年に始まったセ・パ交流戦は、18年までパが13回勝ち越し、圧倒的な開きが出ている。「DH制」があるゆえスピードとパワーのレベルが上がって「実力のパ」になるのはもちろんなのだが、捕手出身監督や内野手出身監督ならば、「考える野球」でさらにレベルは上がる。

乱暴な見方かもしれないが、外野手出身監督は、監督業に向いていないのではないか。どういう監督が日本一を果たしているのか、各球団オーナーや球団社長は、調査が必要だと老婆心ながら思う。

アマチュア野球では、適性もないのに、チーム事情でポジションが決まっていくことが多い。

「捕手がいないから、おまえやれ」

捕手は、１イニング約15球×９イニング＝１３５球。座ったり立ったりの屈伸運動でシンドイ。誰もやりたがらない。人気があるのは投手、遊撃手、二塁手。近い将来、捕手受難の時代が来ると懸念していた。名捕手が生まれないと、名監督も生まれない。

冷静に考えると、捕手は凄いポジションだ。監督以上のことをやっている。野球は「筋書きのないドラマ」と言うけれど、ある意味での〝脚本〟を書いているのは捕手だ。「最初はストレートだ」「次はカーブだ」と、試合の流れを動かしていくのだから。

ただでさえ18歳人口が減り、世の中は「大学全入時代だ」と騒いでいる。さらにサッカー人気に加え、「日本第３のプロスポーツ」バスケットボールの人口が増加傾向にある。勢い野球人口の減少に波及、直結してしまうのではないかと心配だ。

監督の仕事は「見つける、生かす、育てる」

会う人ごとに聞かれる。

「プロ野球の監督の仕事で、一番大変なことは何ですか」

采配で言えば、投手の継投である。ただ、それ以前に、私は「監督の仕事」とは「気づかせ屋」だと考えている。

「固定観念は悪、先入観は罪」だ。だから「今のポジションが一番いいと思い込むのではなく、どのポジションが自分の長所を最大限に発揮できるか、もう一度探してみろ」と。

選手自身が気づいていない「潜在能力」を気づかせてやる。戦力として「適材適所」で活用し、的確な指導法で大きく育てるのだ。そうすれば、これまで以上に大活躍できるかもしれない。

つまり、監督の仕事とは「見つける」「生かす」「育てる」だ。

スカウトが新人選手を連れてくる。1年に東大に入学するのは3000人、プロ野球には100人。言わば「野球の天才」だ。とはいえ、ポジションは9つしかない。素材は当然いいわけだから、その中から「プロで生きていくために何を持っているか」を見極める。

「適材適所」を探る方法は、「コンバート」と「トレード」だ。

ヤクルト時代、飯田哲也は捕手から二塁、さらに外野へ。高津臣吾は、先発投手（92年5勝3完投勝利）から抑え投手に配置転換。「コンバート」で活路を開いた。

他に、投手で江本孟紀（東映→南海）・山内新一（巨人→南海）・江夏豊（阪神→南海）・田畑一也（ダイエー→ヤクルト）・遠山奬志（ロッテ→阪神）、打者でオマリー（阪神→ヤクルト）・小早川毅彦（広島→ヤクルト）・鉄平（中日→楽天）らを「トレード」で再生させた。

野球で言う「コンバート」は一般社会で言うならば社内での人事異動、「トレード」は同業他社への転職だ。

考えてみてほしい。何のために会社に「人事部」があるのか。人材活用のためだ。人事異動は「適材適所」を探るためなのだ。私は「長所を生かすための適材適所は、才能に勝る」と考えている。

また、自分の意思を伝達するための「道具」「手段」「武器」は「言葉」である。若い選手は、監督の現役時代の華々しい姿を見ていない。監督自ら体を動かして手本を見せられるのならともかく、技術を教える、戦略を伝えるには言葉しかないのだ。

成功できるか否かは、ひとえに「意識改革」にかかっている。

「同じように努力しても結果が変わらないのなら、まず自分の何かを変えてみないか。手近なところから試しにバットの持ち方でもいいじゃないか」

これは精神的にはもちろん技術的にも大切なことだ。道具を変えるということでまず心機一転につながる。さらに最適の道具を使用することが、能力開花のきっかけになる。

何より、アドバイスを柔軟に受け入れられることが最初の意識改革。進歩とは変わること、変わることこそ進歩なのだ。そして、考え方が変われば人生が変わる。

例えば、会社などで「あいつ、良くなったなあ」と上司が言う。変わったから良くなったということだ。良くなるためには変わることなのだ。

確かに変わる勇気はなかなか持てないもの。しかし、それまで7～10勝の投手が少し変わるだけで15勝以上は十分できる。打率2割7分を3～4年続けた打者なら微調整で3割に届くことだって可能だ。

ところが、変わることによってもし今より悪くなったらというマイナス思考がどうしても働いてしまう。今でもそこそこできているのだから、リスクを冒してまで変わる必要はないと考えがちになる。そこで「変わる勇気」が問われるのだ。

おかげさまで私は「野村再生工場」という評価を頂戴している。ほんのちょっとしたこと

野村再生工場の主な「ヒット商品」				
	【トレード】	【コンバート】	【意識改革】	【新人育成】
【南海投手】	江本、山内 松原	江夏		木村 保 佐藤 道 藤田
【南海野手】		高橋 博	藤原	
【ヤクルト投手】	吉井 田畑	高津	川崎	伊藤 智 石井 一
【ヤクルト野手】	オマリー 小早川 辻	飯田、土橋	宮本 慎	古田 稲葉
【阪神投手】	成本	遠山、葛西	井川	福原
【阪神野手】			矢野	赤星
【楽天投手】		福盛		田中 永井
【楽天野手】	鉄平	草野	山﨑 武	渡辺 直

で人間は随分と変わるものだ。それを「気づかせてあげる」のが、口はばったく言えば「野村再生工場」なのだ。

繰り返し言おう。「再生の極意」は、サラリーマン社会になぞらえれば「人事異動（コンバート）、転職（トレード）、意識改革」なのだ。

そして、監督自身の言葉で「ほめる」「教える」「鍛える」を選手に対して繰り返さなくてはならない。その基盤となるのが「野球の知識」と「人心掌握術」になる。

野村の教え子から「名球会」9人、「監督」10人

「財を遺すは下、仕事を遺すは中、人を遺すを上とする」

中国のことわざだ。私は何かの本でそれについて触れた。すると、「企業の最大の目的は利益を上げることだ。何がいけない？」とお叱りをいただいた。言葉足らずであった。御容赦あれ。

一般企業は「利益3割」が1つの目安だろうが、プロ野球は「利益2割」、つまり「勝率6割」でほぼ優勝できる。さしずめ、試合という商品を作るのが制作部（投手陣）、金（点）を稼いでくるのが営業部（打撃陣）といったところだろうか。

野球界でも必要とされる「利益」をあげなくては最大の目的である優勝はできない。チームを勝たせるために監督をやるわけだから、「チームの勝利の集大成である優勝」が「監督冥利に尽きるとき」だ。その上で後進に技術や知識を残し、選手を育成していければなおしという意味合いである。

私の監督時代の教え子の中から、皆川睦雄、江夏豊、広瀬叔功、門田博光、新井宏昌（以上、南海）、高津臣吾、古田敦也、宮本慎也、稲葉篤紀（以上、ヤクルト）の9人が「名球

会」入りを果たした（名球会＝投手は日米通算200勝または250セーブ以上、打者は日米通算2000安打以上）。

また、監督になったのが広瀬叔功（南海）・杉浦忠（南海）・尾花高夫（横浜）・古田敦也（ヤクルト）・渡辺久信（西武）・栗山英樹（日本ハム）・辻発彦（西武）・稲葉篤紀（侍ジャパン）・ミューレン（オランダ代表）・シダックス時代のアントニオ・パチェコ（キューバ代表）の10人。

現役引退後の「監督候補者」に、私は「コーチ」よりもまず「評論家」になることを勧めている。自チームだけでなく他チームを取材することにより、野球を客観的に見られるようになるからだ。また、マスコミ界に身を置くことによって、必要に迫られて「書く」「読む」「話す」「聞く」コミュニケーション能力が磨かれる。先述のように武器である「言葉」の使い方が上手くなるのだ。

稲葉篤紀（ヤクルト↓日本ハム）が「侍ジャパン」の監督に就任した。稲葉は仕えた監督を全員、そして計7度も胴上げした「優勝請負人」だ（ヤクルト野村克也95年・97年、ヤクルト若松勉01年、日本ハムのトレイ・ヒルマン06年・07年、日本ハム梨田昌崇09年、日本ハム栗山英樹12年）。

また、宮本慎也がヤクルトコーチに就任した。稲葉と宮本は評論家を経て、満を持しての指導者就任だ。いずれは2人の日本シリーズ対決を見たいと思っている。「監督の仕事」が何かを自覚して、大役に臨んでもらいたい。

「中興の祖」として、選手・チーム再生に手腕を発揮

南海（前年6位→4年目1位）、ヤクルト（前年4位→3年目1位）、阪神（前年6位→退任2年後に優勝）、楽天（前年6位→4年目2位）。これまですべてBクラスのチームを引き受けて再建してきた（最下位3チーム）。

それでいて通算24年、1565勝1563敗76分の勝率・500、リーグ優勝5度、うち日本一3度、Aクラス12度だから、自分で言うのもなんだが、たいしたものではないかと思う。

プロ野球における監督は、一般企業で言うなら「社長」だ。しかも日本にわずか12人しかいない。偉そうな言い方かもしれないが、私は「中興の祖」として、再建を任されて4つの会社の社長を歴任したことになる。だから私の経験がビジネス書としても通用するのだろう。

若手選手が社員。主将が係長。ベテラン選手が課長。投手・バッテリー・打撃・守備走塁

の各コーチが部長。そんな組織図になっている。

まず「立て直し」に何を考えたか？

Ｂクラスということは前年度に「借金」を抱えていたわけで、まっさらな新しいチームをゼロから創るより、危機的状況のチームを途中から作り直すほうが、ある意味難しい。

「中心なき組織は機能しない」という原則がある。野球の中心は「エースと四番打者」だ。92年秋のドラフトで伊藤智仁か松井秀喜かの二者択一を迫られた。エースと四番のどちらを取るか迷ったときは、私はいつもまず「野球の本質」を改めて考えることから始めた。

０点で抑えれば１００パーセント負けない。10点取っても11点取られたら負ける可能性がある。みんな楽をしたいという本能が働いて、攻撃型のチームを考える監督がほとんどだ。しかし、苦しいときに１対０で勝てるチームこそ、本当に強いチームだ。

采配には「正攻法と奇襲」を用いる。相手との力関係で、同等以上の場合、「正攻法」で戦えばよい。しかし、普通に戦ってもかなわないのなら「奇襲」を用いる。

戦力不足を「無形の力」で補って勝つのが、ノムラ野球の真骨頂。形があって見えるものが「有形」。つまり投げる、守る、打つ、走るといった技術的な部分だ。一方、データ活用、読み、勘の「無形」で、相手との差を埋めていく。有形の力に限界はあっても、無形の力は無限だ。

私の『選手の能力を引き出す3原則』はこうだ。

一、「教え過ぎ、言い過ぎはダメ」。口に出して言ってしまったほうが簡単だ。しかし、それでは本人が考えなくなってしまう。

二、「実戦での成功体験を」。大差で勝っている練習試合で勝ち投手になっても身にならない。本番で僅差で勝ってこそ意義がある。

三、「正しい努力、目標設定をせよ」。短距離打者が本塁打を狙っても無理がある。たとえば、宮本慎也（ヤクルト）が入団してきたときに言ったものだ。

「野球はセンターラインが大事だ。遊撃をしっかり守れ。『打順八番』はくれてやる。その代わり、右打ちとバントで走者を進めろよ。お前は脇役だ。だが、超二流になれ」

野球を「筋書きのないドラマ」と言うならば、「主役」と「脇役」がいるはずだ。私は宮本がプロ野球で「生き残っていくための方向性」を指示したのだ。宮本は遊撃で6度のゴールデングラブ。400個以上の犠打を記録しながら、通算2000安打もマークした。

目標を掲げ、努力を続ければ必ずや結果は出るものだ。正しい努力は嘘をつかない。

おわりに　ミーティングは「毎日が選手との闘い」だった

私は監督時代、ミーティングを重視した。ＩＤ野球（Ｉｍｐｏｒｔａｎｔ　Ｄａｔａ＝データ活用・重視）を標榜する私にとって、選手たちと意思共有するミーティング（会議）は大切な時間だったのだ。

ヤクルト時代は黒板に書いて、選手にノートを取らせた。ノートに書くほうが覚えるからだ。監督就任1年目の90年、2月1日からのスプリングキャンプは、アリゾナ州ユマで行われた。

ユマのシンボルは「巨大な給水塔」。砂漠の町だからだ。練習後や休日前夜に遊びに興じる施設がほとんどなかった。だから野球に集中するにはもってこいの場所だった。

新人でユマキャンプに参加した古田敦也（立命大→トヨタ自動車＝90年ドラフト2位）がのちに言っていた。

「僕はプロのキャンプが初めてでしたけど、野村監督がどういう野球をめざしていくのか、選手間では興味津々でした。それが初日、ミーティングルームに入ってくるや自己紹介もそこそこに、黒板にいきなり大きな字で『耳順《じじゅん》※10』と書いて、先輩やベテラン選手は面食らっていました」

・吾十有五にして学に志す（志学《しがく》）
・三十にして立つ（而立《じりつ》）
・四十にして惑わず（不惑《ふわく》）
・五十にして天命を知る（知命《ちめい》）
・六十にして耳順う（耳順《じじゅん》）
・七十にして心の欲する所に従えども矩《のり》を踰《こ》えず（従心《じゅうしん》）

選手とのミーティング、私にとっては毎日が「闘い」「勝負」だった。武器は「言葉」だ。森昌彦（祇晶）の話によれば、川上哲治監督はミーティングでは人間教育を施した。そして、野球技術では『ドジャースの戦法』（アル・カンパニス著）を教科書として、牧野茂コーチが指導した。

私もそれにならった。私のミーティングの『野村ID野球ノート』は、「野球（仕事）を通しての人間形成＋野球技術のマニュアル」の2つから成る。

プロ野球選手が37～38歳で引退するとしても、その後の人生のほうがはるかに長い。「野球に対してどうあるべきか」「人間とはどうあるべきか」

野球の知識しか与えられてこなかった選手たちにそうした言魂は、言わば「勝負球」として急所に突き刺さったらしい。日々、回を重ねるたびに変わっていく選手の反応を見て、私は手ごたえを感じた。

一方、私が黒板に書いた「野球技術」は、あくまでも「基本」が中心だ。その一つを紹介しよう。

【内角球の打ち方】

①軸足に充分な「タメ」を取って、下半身の回転で打つ。

②バットを短く持つ。

③本塁ベースから離れて打つ（内角球の選球眼を身につける）。

※10　「耳順」＝『論語』（孔子）為政篇より。60歳で他人の意見に反発を感じず、素直に耳を傾けられるようになる。

④打つポイントを前にしてファウルで逃げる。

プロになるような選手だから、子供の頃から「お山の大将」で、それまで才能と素質だけでプレーしてきた者が多い。「野球技術の基本」も、久しぶりにミーティングで見聞きすると新鮮だったらしく、それを試合中に思い出して実践すると、選手たちは面白いように結果を出した。

「野村ＩＤ野球とは、当たり前のことを当たり前にプレーする野球です」

マスコミの質問に対し、選手の口からそんな模範解答が出るようになっていった。

監督就任1年目の90年のチームは5位で、そんなに騒がれもしなかったが、三振が１００個を超え「ブンブン丸」の異名を取っていた池山隆寛が、地味ながら初の「打率３割」超えのキャリアハイ。

2年目の91年に破竹の快進撃でチームはAクラス入りした。『明治の大砲』と揶揄されて、当たらぬことが多かった広沢克己が打点王、入団当初は八番打者だった古田敦也が、落合博満（中日）とのデッドヒートを制して首位打者を獲得。

こうなると『野村ＩＤ野球ノート』の存在は、マスコミの間で評判になっていった。

――「野村監督1年目の90年ミーティング・ノートを、選手にコピーしてもらって手に入れろ！」

それが当時のヤクルト担当記者の合言葉だったらしい。1年目のミーティングで選手がメモしたノートの1ページ目には、こう書いてあったそうだ。

「耳順（人の言うことを逆らわずに素直に聴く）の気持ちを持って、ミーティングに出てほしい（野村監督の話）」

ミーティングで「技術編」を初めて話したのが2月11日。つまり最初の10日間は「野球を通しての人間形成」の話をしていた。

ミーティングは、ヤクルト監督時代9年間での4度のリーグ優勝、3度の日本一の内容を盛り込んで徐々にバージョンアップさせていった。

99年の阪神監督就任時のキャンプには、私が書いた資料ノートの内容を、球団マネジャーにパソコンで文字を打たせて小冊子に製本し、選手全員に配布した。この『野村の考え虎の巻』（192ページ）は外部に流出したらしい。

2006年楽天監督就任直前、社会人野球のシダックス監督時代の05年に野村野球の集大成として『野村ノート』（小学館）なる本を上梓している。

それにも書いていないことを、10年余りを経てこの『私が選ぶ名監督10人』（光文社）にすべて結集させた。

監督をやるような人間には、当然それぞれ持論があったり、人生訓があったりする。私は「人間的成長なしに、技術的進歩なし」を持論として、選手の育成に当たってきた。

技術だけをいくら教えてもダメだ。技術論は、どの監督も、どのコーチも大差ないのではないか。逆に、いくら技術を磨いても、人間的にどうか。そこが一番の問題なのだ。

私自身、10監督から、野球を通して人生における大切なことを教わった。そして、野球とともに生きてこられた。私はこの上ない幸せ者だ。

最後に、制作過程で協力を賜った編集の古川氏に厚く礼を申し上げる。

【取材協力・飯尾哲司】

野村克也（のむらかつや）

1935年、京都府生まれ。右投右打、「生涯一捕手」。峰山高を経て南海（54～77年）、ロッテ（78年）、西武（79～80年）と、27年の選手生活を送る。安打2901、打率.277、本塁打657、打点1988、盗塁117。MVP 5度、三冠王1度、最多安打1度、首位打者1度、本塁打王9度、打点王7度、ベストナイン19度、ダイヤモンドグラブ賞（現・ゴールデングラブ賞）1度。70～77年南海でのプレイング・マネジャーを皮切りに、90～98年ヤクルト、99～2001年阪神、06～09年楽天と監督を歴任。24年間の戦績は、3204試合1565勝1563敗 勝率.500。リーグ優勝5度（日本一3度）。09年74歳での采配は最年長監督記録。

私《わたし》が選《えら》ぶ名監督《めいかんとく》10人《にん》
采配《さいはい》に学《まな》ぶリーダーの心得《こころえ》

2018年7月30日初版1刷発行

著　者 ―― 野村克也
発行者 ―― 田邉浩司
装　幀 ―― アラン・チャン
印刷所 ―― 萩原印刷
製本所 ―― 榎本製本
発行所 ―― 株式会社光文社
東京都文京区音羽1-16-6（〒112-8011）
https://www.kobunsha.com/
電　話 ―― 編集部03(5395)8289 書籍販売部03(5395)8116
業務部03(5395)8125
メール ―― sinsyo@kobunsha.com

 ISBN 978-4-334-04362-9

954
警備ビジネスで読み解く日本
田中智仁

警備ビジネスは社会を映す鏡――。私たちは、あらゆる場所で警備員を目にしている。だが、その実態を知っているだろうか？「社会のインフラ」を通して現代日本の実相を描き出す。

978-4-334-04360-5

955
残業の9割はいらない
ヤフーが実践する幸せな働き方
本間浩輔

あなたの残業は、上司と経営陣が増やしている。「1 on 1」「どこでもオフィス」など数々の人事施策を提唱してきたヤフー常務執行役員が「新しい働き方」と「新・成果主義」を徹底解説。

978-4-334-04361-2

956
私が選ぶ名監督10人
采配に学ぶリーダーの心得
野村克也

川上、西本、長嶋、落合…監督生活24年の「球界の生き証人」が10人の名将を厳選し、「選手の動かし方」によって5タイプに分類。歴代リーダーに見る育成、人心掌握、組織再生の真髄。

978-4-334-04362-9

957
地上最大の行事　万国博覧会
堺屋太一

六四二二万人の入場者を集め、目に見える形で日本を変えた70年大阪万博の成功までの舞台裏を、その総合プロデューサーであった著者が初めて一冊の本として明かす！

978-4-334-04363-6

958
一度太るとなぜ痩せにくい？
食欲と肥満の科学
新谷隆史

いつか痩せると思っていても、なかなか痩せられない……。肥満傾向のある人、痩せられない人のために最新の知見を報告。健康に生きるヒントを伝える。【生物学者・福岡伸一氏推薦】

978-4-334-04364-3